何三坡 / 主编

凌峰 / 著

凌峰文化名家访谈录

路

他历经坎坷，
走了比唐僧还长的行程。
他跋山涉水，访友寻亲，
像孙悟空翻了十万个筋斗。

九州出版社 JIUZHOUPRESS 全国百佳图书出版单位

图书在版编目（CIP）数据

八千里路云和月：凌峰文化名家访谈录／何三坡主
编；凌峰著 . -- 北京：九州出版社，2024.10.
ISBN 978-7-5225-3443-5

Ⅰ．K825.78

中国国家版本馆 CIP 数据核字第 2024CQ8996 号

八千里路云和月：凌峰文化名家访谈录

作　　者	何三坡　主编；凌　峰　著	
责任编辑	沧　桑	
出版发行	九州出版社	
地　　址	北京市西城区阜外大街甲 35 号（100037）	
发行电话	（010）68992190/3/5/6	
网　　址	www.jiuzhoupress.com	
印　　刷	北京旺都印务有限公司	
开　　本	787 毫米×1092 毫米　16 开	
印　　张	10.75	
字　　数	255 千字	
版　　次	2025 年 4 月第 1 版	
印　　次	2025 年 4 月第 1 次印刷	
书　　号	ISBN 978-7-5225-3443-5	
定　　价	98.00 元	

一个人的故国与乡愁（代总序）

何三坡

历史如长河奔涌，总有一些波翻浪滚的年份，突然之间，江流陡转，惊涛乍现，樯倾楫摧，滔天巨澜里裹挟的是万千生灵起伏跌宕的命运。

有人新船怒立，喜见天地初开，山河易色；有人梦中惊醒，面对的是生离死别，是嶙峋的劫难，是无尽的伤痕……

一九四九年，就是这样一个年份。

这年秋天的一个暮晚，人头攒动的青岛海港，刚满四岁的稚子王光舍不得离开对他溺爱有加的外婆，却被小舅用一只麻雀牵引到了船上。然后，汽笛长嘶，大船离港，烟波万顷里，家山远去，前路茫茫，见不到外婆的王光，一时间肝肠寸断，匍匐在母亲的怀里号啕大哭……

因为父母在兵工厂和日本纺织厂辛苦做工，几乎从出生伊始，王光就由外婆悉心照护，外婆的小小院落是他的幸福飞地与欢乐源泉，是他依傍的大千世界。

但一夕之间，世界崩塌了。

大哭一场后，王光沉沉睡去，醒来，轮船泊在上海，稍做停留，又决然离开，王光继续号啕大哭，并又一次沉沉睡去，等他再度醒来，一帆已然渡海。

他尾随着神色茫然的父母，与成千上万首如飞蓬又饱经乱离的异乡乘客弃船登岸，落脚台湾。

从此，故乡的苍烟夕照，外婆的笑意温柔，历历在目，梦绕魂牵，挥之不去，成了他记忆的深渊，永远的伤痛。

一片幼小的心田，就这样过早地种下了乡愁的种子。

而无声的岁月，注定会让这一粒种子默默发芽、开花，并结出果实。

随着上学读书，他意外地发现唱歌能让自己快乐，还能让他人快乐，于是他放开喉咙，大声歌唱。歌手成了他最初的梦想。

琵琶起舞换新声，总是关山别离情。他记得最早学会的几首歌曲是《故乡梦》《长城谣》，乡愁满满。

他过人的天赋很快被音乐老师赏识，还被举荐参加全省歌咏比赛，为学校夺得大奖，为自己赢取光荣。

但人生漫漫，命途难测，因为侠肝义胆与打抱不平，中学还未毕业，他就被开除学籍，过早遭遇了人世的挫折与艰难。

之后，他拉三轮，他从军，他进工厂；他做太保，他入歌厅，他混赌场。

为谋生计，歧路亡羊。

如同被风吹散的一截炭灰，他的人生正向黑暗深处寸寸跌落。

大约是天不灭曹，在夜总会，他偶然遇上了来此宴请诗友的文人许西哲，仿佛天降菩萨，这个谦逊和善的业余作家不只在他穷困潦倒中慷慨解囊伸出援手，还教化他读书立德，洗心做人，并鼓励他苦练乐谱，登台唱歌，许西哲的出现彻底拨转了他命运的航向。

甚至，即便先后被几家歌厅老板辞退，许西哲也都多方荐举，不遗余力。

终于，一个混迹街头的毛头小子得以用凌峰的艺名，跻身歌场。

然后，槐根梦觉，苦尽甘来。

他很快被香港来台挑选艺人的老板一眼相中，高价聘请到一家新开的歌厅去驻唱、主持。香港是娱乐极地、欢场核心，能在这里撑场立足的绝非等闲，正所谓海阔凭鱼跃，天高任鸟飞。他看上去前程似锦，鸿运当头。

置身花花世界，但他却以孝道为先，舍不得乱花分文，不仅还清了家中因母亲治病欠下的巨债，还给父母兄弟购置楼房。

外人看来，已是丰衣足食，福泰安康，而他自己则是莼鲈之思不可遏止。

那时候两岸关系剑拔弩张，信件往还也都涉嫌违禁，但他还是忍不住偷偷给外婆电话问讯，写信寄钱，甘冒身陷囹圄的风险。

稍有闲暇，他总会带着一副望远镜坐在海港码头或者幽僻沙滩，朝大海的北边久久张望，一遍遍幻想着有一天，能回到大陆，拥抱外婆，亲近故乡。

但是，乡关迢递，归路渺茫，海峡犹如天堑，不可越逾。

香港闯荡八年，他一身荣宠返回台湾。

一天夜晚，他去台北松山区三张里的侨声电影院观看一部名叫《原乡人》的电影。

那一晚，他陡然间发现自己的乡愁竟如繁花怒放，似烈火焚燃。

"原乡人"是日据时期台湾人对大陆祖籍同胞的称呼。而电影描写的是主人公追根溯源的强烈情感，对祖国大陆的向往和眷恋。

坐在漆黑如鸦的电影院里，凌峰屏神静气，被故事深深吸引，当听到主人公说出"原乡人的血，必须流返原乡，才会停止沸腾"时，他浑身的血液也跟着沸腾。

而当主题歌声骤然响起，他已止不住泪流满面。

往后的许多年里，无论何时何地，只要耳边响起这首歌，他总会忍不住潸然落泪。

他深知，家国可以起灭，朝代可以兴亡，但安土重迁，骨肉难离，再严酷的政策也阻绝不了血浓于水的情感。

接下来，他精心准备，巧妙安排，终于冲过层层关卡，将外婆接到了身边。

此后，他事业顺遂，创意非凡，先后主持几档超级火爆的明星节目。

按理说，祖孙重聚，骨肉团圆，万事圆满，童年的乡愁就该消散了，但他发现，胸中块垒郁结，纵然是烈酒也不能浇灭。

他开始意识到乡愁不只是一枚邮票，不只是一段亲情，它是旧时风物，是故国山河，是倦鸟思巢，是落叶归根，是文化绵延，是心灵归宿……

从此，他开始梦想有一天能返回故土，拍一部长长的纪录电影。

他要让乡愁结出甜美的硕果，他要将这一枚硕果献给每一个同源同种的异乡客与台湾人。

1987 年，随着几万老兵在台北发起返乡运动，台湾当局不得不宣布开放探亲。

他终于盼到了这个毕生梦想的时刻。

但究竟拍摄什么？临行前，他大费周章。依太史公司马迁先生创下的体例，历史当以名人传记为龙骨，以家国情怀为精神。如果将华人精英人物悉数展示给世人，或许会是纪录片之绝唱，电视片之《离骚》。主意既定，他气定神闲。

没人投资，他倾其所有；同行侧目，他逆流而上。

虽千万人，吾往矣。

他带着团队飞赴北京，《八千里路云和月》由此扬帆起航，披星戴月。

两年时间，寒暑数易，他历尽坎坷，走了比唐僧还长的行程，流了比沙僧还多的汗水，他跋山涉险，访友寻亲，像孙悟空翻了十万个筋斗云，几乎把故国山河踏遍。

苍天不负有心人，总算灵山见佛，取得真经。

几百集片子拍成，又经历几番抗争，终于得以在台湾荧屏播出，结果是万人空巷，全岛震动，成了自电视肇始以来，全台湾收视率最高的节目之一。

期间，他多次为默默无闻的王洛宾拍影片，做宣传，并延请到台湾做见面会，让德者安其位，让尊者享其名；他挺身为困顿落寞的腾格尔张罗演出，出唱片，邀他唱主题曲，让落魄才子尽其才，让黯淡的星光更耀眼。

不只如此，他还捐建了大陆 24 所希望小学，成了中国希望小学捐助第一人。

他以一己之力突破了两岸严厉的阻隔与禁忌，史无前例；他以一部纪录片达成了两千万人的情感交流，功德无边。

许多人都记得，1990 年春节晚会上那段"五千年的苦难沧桑都写在我脸上"的自嘲，听上去貌似一句轻松的调侃，实则是他的夫子自道，他在说深厚的挚爱，说毕生的心力，他在说欢欣与苦涩，说故国与乡愁……

2022 年 4 月 29 日于泰国清迈

相知何必曾相识①

陈光忠

> 陈光忠，中国影视纪录片编导，曾任中国新闻社副社长兼任海南影业公司总经理，中国电影家协会主席团委员。

虽然我在电影界工作四十余年，也结识了许多朋友，却从来未曾同台湾影视圈人接触过。几十年海峡两岸的隔离、隔阂与隔膜，以至亲人之间竟成为带有神秘感的陌生人。

没料到，我第一次接待和协助工作的第一位台湾同胞，不仅是我的同行，而且是第一位来大陆拍摄系列电视片《八千里路云和月》的台湾著名艺人凌峰先生。

初冬的寒意袭人，我的心却是热呼呼的。

我难忘 1987 年 11 月 4 日晚上在首都机场的情景。我脑海的"蒙太奇"画面在流动着、闪现着——自台湾当局开放民众赴大陆探亲的决定公布之后，一股"探亲热"冲击着海峡。两岸人民都动起来了。此岸是沽酒相候，扫榻以待；彼岸是焚香叩拜，归心似箭。此时，我们正仰望星空，期待着由远而近的飞机轰鸣的声音。

夜航的机舱里正坐着第一个赴大陆探亲并拍片的台湾艺人凌峰。这位经常在世界各地飞来飞去的先生，如今却心神不定，坐立不安；不时地看着手表，飞机时速已达一千多公里了，他还嫌慢。

噢，有谁知晓凌峰的心境呢？机翼下的城镇万家灯火，机上的他思绪难平，浮想联翩。啊，北京快到了；凌峰是近四十年来公开到大陆拍片的台湾影视界的第一个

---

① 此文在中央人民广播电台第 3 届《海峡情》征文中获一等奖。刊登于《人民日报》（海外版）。

"出头鸟"。儿时在课本上读过的"紫禁城""万里长城万里长"……究竟是什么样子？萦绕在心头数十载的乡亲生活得怎么样？一连串的惊叹号，一股脑儿的纷乱思绪，一身的负荷与压力；尤其想到这回是卖铺当房自筹资金的风险，想起他成行的几度风波的折腾，探亲之旅何等不平坦；凌峰的心伴随着秒针剧烈地跳动。

十一时整，飞机着陆在陌生而又亲切的大陆土地上的首都机场。

我们迎上前去，只见凌峰眼睛有点困惑，有点疲惫，但又掩盖不住他那兴奋之情。我们同凌峰握手，紧紧地、长久地，双方相视无言片刻；我们分隔得实在太长了，然而彼此都能听到或感到心灵的颤音；暂短的无声容含着真挚而深刻、热烈而真实的理解和信赖之情。

我想，星星可以作证，大地可以作证，海峡情的相通与相连是人心所向，历史必然。

这是我四十年来第一次接待的台胞啊。

我本来想让凌峰多休息一下，补偿过度兴奋带来的倦意和旅途的劳累。可是凌峰在酒店放下行装，就迫不及待地向服务员借来一本中国地图，计划着探亲拍片的路线了。

我面前的凌峰，他眼睛布满血丝，声音有点沙哑；穿着黑色的宽松式外套，八字小胡子的嘴角含着猜不透是微笑还是苦笑的表情。他不像我熟悉的文艺界朋友的"书卷味"或潇洒儒雅的类型，而是一种"怪味"的气质，明显的不安定的性格。他时而眉飞色舞地"侃"制片的打算，时而为我们在杯里放了茶叶才发现水并不开而表示歉意。时而窝在沙发里喟叹拍片的时间与地点过于分散的困难。我的第一感觉是凌峰谈锋甚健，不愧是在台湾和东南亚的艺坛上，以"光头明星"的形象，独树一帜的艺人。他性格爽朗，认真地对我说："我的脸长相不好看，不是白净净，而是长得很'中国'。"我体会他的意思是：凌峰这个人充满着"沧桑感"，怀着强烈的民族意识。他是冲破人为的藩篱，最早公开来大陆拍片的台湾影视界人士。这需要真诚、热忱和勇气。我同凌峰虽初次见面，却一见如故。我崇尚实际和实干，我理解并支持凌峰情系《八千里路云和月》。这是一项焊接心灵的"断裂层"的艰巨的系统工程。我和凌峰也许是"同行"，有着较多的"蒙太奇"的和谐统一的语言；也许我们都有着一个共同的心声、共同的思绪、共同的梦。通过凌峰的电视片，让台湾同胞知道"母体文化"。知道海峡情的血缘与亲缘，该是多么有意义的事情呢？

然而"好事多磨"，《八千里路云和月》历尽坎坷，凌峰及其摄制组纵横跋涉大陆六七十万公里，"海陆空"的交通工具都用上了。但到了山区就靠两条腿奔波了，行程比唐玄奘西天取经的路还要长。凌峰在青藏高原抱着氧气袋，忍着头痛欲裂的高原反应坚持采访摄影；在杭州高烧未退就豁出命去抢外景；他在骆驼背上摔下来，险些脑震荡而住在医院……台湾娱乐圈人说，凌峰简直"疯"了。按照他的财源资历，大可以逍遥享受，何必受这份苦？人各有志。凌峰说得好："人的价值不等于价格。"凌峰所拍的电视片被"冰冻"了两年。他在台湾呼吁奋争，几番风波几度风险，终于赢得了《八千里路云和月》在 1989 年 6 月出现在台湾荧屏；至今成为家喻户晓，收视率最高的节目之一。我与凌峰的相见、相谈到相知无不围绕着《八千里路云和月》的工作。我们之间的心愿是真诚而坦率的，虽在创作方法上有些不同的看法，但有更多的共识和默契，信任和支持。我对凌峰说，颇为赞赏又不完全苟同他在电视片里的"调侃"贯穿手法，因为过量、过重、过头的"调侃"，容易失之含蓄、失之深邃，像味精放多了则鲜味变苦味，甚至有伤脾胃？我完全理解凌峰的苦衷，要在艺术上"走钢丝"，把握平衡度实在煞费苦心，运用传播媒体的强势，起到了点海峡两岸的"桥梁"作用，我乐意同凌峰一道做一颗小小的铆钉吧。

几年的风风雨雨，凌峰在大陆风尘仆仆。当他在1990年北京春节晚会上的演唱表演：

"是多少眼泪，是多少鼓励，才能够在这里。失败的痛苦，成功的鼓励，有谁知道是多少岁月的积累？"

我深深理解凌峰发自心灵深处的真情实感。这歌声，融进了他的渴求，他的愉悦，他的苦涩，他的梦想；也融进了海峡情，融进了我们经得起时间检验的友情。

《八千里路云和月》啊，我们为什么都选择这条情绵绵的漫漫路？

我们相知何必曾相识呢！

1990 年北京

·序二·

情义为本　文化成果

夏　骏

夏骏，大陆纪录片导演，代表作有《河殇》《长江》《中国农民》等，曾任中央电视台主任编辑，《新闻调查》制片人。现任中华文化促进会常务副主席。

开始写这篇小序，我按照平时的电脑打字习惯，在新安装的汉字软件中，第一次以"LF"两个字母看汉语拼音联想的结果，这两个字母能够联想出"凌峰"这个名字吗？这也是一个检测知名度的考验方式，尽管并不精确，但在新安装的软件的原始词库中存有名字的人物，可以算是名人了。

结果是，确实有"凌峰"这个词组，在华人世界里，凌峰是个名人，而且是个比较雅俗共赏的名人，尽管他不再活跃于屏幕和舞台，已经10多年了。

我与凌峰先生认识超过30年了，最近10多年，他逐渐接近退休状态，也来大陆看望老朋友，接触得比较多。加上他的年龄也步入老年，明星的光环与负担减轻，更加凸显本质，我也有意地争取与他深聊的机会，想通过观察这个有故事的人，从中得到启示。

早就有念头，要写一篇关于凌峰的文字，却没有想到是为他的书来写序。

凌峰的这些访谈，我仅仅看到过其中的少部分，他比较集中地采访陈汉元的那一次，我在场，可能采访我的内容，主要也是那一次谈话的内容。当时，汉元已经需要轮椅，不太能够独立走路了。

《八千里路云和月：凌峰文化名家访谈录》的采访人物，相当一部分是中国自20

世纪 80 年代到 21 世纪初的风云人物，其中有些人物的专访，在中国大陆难得一见。有些人的知名度高，但专访并不多，其中的原因，生活在中国大陆的读者比较容易理解，于是，凌峰的访谈就显得格外珍贵。

凌峰的访谈，被称为"文化访谈"，最合适。因为他的访谈角度比较开阔，他是以纪录片《八千里路云和月》为契机的采访，向华人世界介绍中国，所以，他的访谈出发点常常是纪录片素材的目的，是广大观众感兴趣、听得懂的。加上凌峰的歌星、主持人这样一个艺人职业身份，受访者相对比较放松自然。所以，这些专访内容，是人生经历、感悟的心里话。而这其中最具内在特色的，是受访者对于凌峰的信任所形成的一种真诚交流状态，包括访谈内容的自然流露，这种真诚，导致的真实，才是这些访谈更具价值的意义。

为什么凌峰的访谈可以有这些特色？一是他的身份独特，他的专访可能得到国际性交流传播，受访者考虑到这些访谈的传播范围，他们便愿意进行更为真实的表达。另一个甚至更为重要的原因，是凌峰赢得了他们的信赖。真实采访中，受访者对于采访人的认可程度是一个核心要素，受访者也在寻找一种合适的语态和表达方式，只有比较高度的信赖，才能"拿到"这些人物的"心里话"。

信赖，又是谈何容易，这一点就显出凌峰为人处世的独到。凌峰的代表作品《八千里路云和月》视野开阔，知识点众多，而且其中不乏文化主题与艺术表现的精彩篇章，他在片集中的主持，语言生动、知识点密集，加上他自己的演唱元素。在一般社会印象中，凌峰是个文化修养比较全面的知识型主持人。其实，了解凌峰作为艺人起点的人就知道，凌峰从小家境困难，很小就进入艺人生活状态，不可能有系统的接受正规教育的机会，在艺人圈摸爬滚打多年，但与大多数艺人圈中成长起来的人不同的是，他好学，有大志向。

凌峰的好学，尤其是不耻下问与做有心人，是我见到过的少有的一个案例。做《八千里路云和月》的时候，凌峰已经 40 多岁，也已经在华人圈是一个知名艺人。但是他在大陆却拜思想家做师傅，比如当时影响很大的《走向未来》丛书的主编金观涛先生就是他的师傅。对于此前缺少系统社会科学基础的凌峰而言，要做思想家的学生，是一件很辛苦的事情，要强迫自己去读书，即使似懂非懂，也要日积月累。比如一个人，即使肯定爬不到山顶，但持续不断的努力，也会累积提升自己视野的高度，最终至少可以成为一个攀登者。

从我 30 年前认识凌峰开始，印象最深的，是他永远可以从口袋里拿出一个小笔记本，听到任何他认为有精彩之处的语句，他就随手记录，而且随时琢磨请教，深化理解。对于一个已经有相当知名度的艺人而言，我见到的，仅此一例。这是他能够与几乎当时所有出色的知识分子交流访谈的一个奥秘，敢于放下虚荣和面子，就是一个人成长的基本姿态，也是一个人真诚的表现，而太多人以一知半解装模作样，也就早早停步，成为知识与思想层面的局外人。

因为真诚，因为好学，因为勤奋，凌峰赢得了很多人的信任。而因为重情重义，凌峰又赢得了朋友们的尊重。央视原副台长陈汉元曾经因为凌峰摄制《八千里路云和月》结缘相识并给与支持，凌峰认为汉元除了曾经给予他的业务支持，他还很敬重汉元的为人。在汉元晚年时，凌峰每次来大陆必到昌平养老院看望，我也几乎每次作陪，见到他们诚朴畅快的神聊，那种发自内心的高兴，让人感动。汉元去世，我把消息第一时间通知到凌峰，他马上给我打来电话，泣不成声，哀痛不已。

在一个过度功利的时代，人们精于算计得失。朋友，也多成为阶段性的概念。一个远在海峡另一边的人，如此惦念遥远的北京养老院里的一个垂垂老矣的朋友，如今，这样的故事不多了。

回首想来，当年凌峰以一己之力走遍中国，又何尝不是依托这一份诚朴与情义？长成于江湖的人，最知道情义是立身的根本支撑。

凌峰长我十几岁，后来交往多了，我一直叫他凌峰大哥。赢得他人愿意发自内心叫一声"大哥"，并不容易，那是需要一点人格魅力的，我喜欢年纪越来越大的凌峰，那种越来越质朴的游侠气质。

已经不再年轻而且身体欠佳的凌峰，前些天还在问我："有什么需要我的，尽管交代。"我回答："我最需要的，就是见到胜利康复的兄长。"

现在，《八千里路云和月：凌峰文化名家访谈录》就要出版了，凌峰大哥，期待我们在首发式上再见。

目　录

第三辑

第一辑

刘海粟 | 我为什么九十五岁还能十上黄山？

刘海粟（1896 —1994 年），名盘，字季芳，号海翁。汉族，江苏常州人。中国杰出书画家、艺术教育家。1912 年与乌始光、张聿光等创办上海图画美术院，后改为上海美术专科学校，任校长。1949 年后任南京艺术学院院长。早年习油画，苍古沉雄。擅长国画、油画、书法、诗词。民国时期，刘海粟与颜文梁、林风眠和徐悲鸿并称美术界"四大校长"。

凌峰说

刘海粟是一位艺术奇才，也是一位非常硬骨头的艺术家。

他最传奇的是，他是中国第一个敢于画裸体模特的画家。那时的人不懂艺术，他们认为脱光就是非法，不知道西方社会的裸体模特风尚已经流行上百年了。刘海粟因为人体模特风波，受到无数攻击，也被孙传芳通缉。但他态度非常坚定，"我刘海粟为艺术而生，也愿为艺术而死！我宁死也要坚持真理，绝不为威武所屈"。

他为了艺术自由，与军阀专制抗争。他就是要走出自己的那条路，就是要突破，突破整个时代的禁锢，做时代的首创者和先驱者。这在艺术家中极为罕见，堪比鲁迅。

我采访他的时候，他已经95岁了。95岁的高龄，思维依然那么活跃。他的年纪，他的气魄，他的话语，都让我感到震惊和感佩。

他给我留下的最强烈的印象，就是他敢作敢为，有担当！

凌峰：可不可以告诉我您对黄山的情感，您为什么十次上黄山？

刘海粟：我讲来讲去，讲得很多了都讲不完。我爱黄山。为什么爱黄山？因为很奇，变幻莫测。我可以讲，世界名山大川我都去过。欧洲阿尔卑斯，滨海的风景，都没有黄山好。

凌峰：没有黄山好。

刘海粟：日本富士山很有名，我也去过。但黄山千变万变，不如爱黄山。

凌峰：第一次去黄山是哪一年？

刘海粟：第一次去黄山我记得很清楚，是1918年。那时候黄山了无人烟，根本就没有人住的地方。

凌峰：最后一次去是哪一年？

刘海粟：1988年，七十年以后再上黄山，住了两个多月，画了五十几幅画。

凌峰：七十年来，这人世间的变化，也像黄山一样。

（凌峰采访刘海粟）

刘海粟：变了，不单是中国，世界也在变化。我经历过两次世界大战，历经沧桑人未老，今年我九十五岁了。

凌峰：您可不可以告诉我，您的养生之道？为什么您九十五岁，还能够十上黄山？

刘海粟：我没什么养生之道，不吃补药，也不去打针，就是气量大。

凌峰：气量大。

刘海粟：我的养生之道是与人为善，尤其是对待年轻人，我非常爱才，要培养我们中华民族的希望。中华民族非常聪明，但是有一个缺点——嫉才，历史上一直就如此，春秋战国、宋元明清下来都是这样。

凌峰（左）刘海粟（右）

凌峰：对于年轻的后辈和仰慕者，您是否可以给他们一点建议？

刘海粟：我的一生就是被人家打，名气这样大，都是打出来的。

凌峰：怎么说？

刘海粟：做的报道，轰动日本。在外面逃亡，再困难我也不怕，经历太多了。经过风霜雨雪的梅花，越打越香。梅花很好，梅花不怕冷，雪压梅花花更好。

凌峰：要吃苦耐劳，像梅花一样，刘伯伯，谢谢您！

访谈于 1992 年

李可染 | 东方文化底蕴是深厚的，
放弃传统是错误的

　　李可染（1907—1989 年），江苏徐州人。中国近代杰出的画家、诗人，画家齐白石的弟子。李可染自幼即喜绘画，13 岁学画山水。43 岁任中央美术学院教授，49 岁为变革山水画，行程数万里旅行写生。72 岁任中国美术家协会副主席、中国画研究院院长。晚年用笔趋于老辣。擅长画山水、人物。代表画作有《漓江胜境图》《万山红遍》《井冈山》等。代表画集有《李可染水墨写生画集》《李可染中国画集》《李可染画牛》等。

凌峰说

我刚到大陆拍《八千里路云和月》的时候，在人民大会堂看过一次国家级的画展，其中就有李可染的杰作，我就把它拍下来了。后来有专家告诉我，"你拍的李可染是中国当代最重要的一位艺术家，他的艺术水准和理解力都是一流的"，所以我就安排去他家里访问。

他住的是简陋的公寓，走廊很窄，一张画桌，一面墙壁，中间只能一个人走，两个人并肩就走不过去。我没想到他们家这么朴素，因为以他的作品在苏富比拍卖的价格，他完全有能力买豪宅。1988年我在他家里看到的《万山红遍》就底价二十万美金，后来听说拍卖了两亿九千万人民币，并被西方一流的艺术馆收藏了。但他的生活方式就这么低调，他们全家都很低调。

我当年带着一种无限的兴奋和使命，要到大陆去，记录这些伟大的艺术家。所幸我留下了他们的宝贵影像，很多都是孤本了。

我还采访了李可染的太太邹佩珠，后来才知道，她也是位了不起的雕塑艺术家。前些年，我很惊讶地问他们儿媳妇刘莹："邹老师有这么高超的艺术水平，为什么看不到她的展览和宣传？"刘莹告诉我，"我们也曾鼓励母亲创作、参展，但母亲说，我们李家只能出一个"。我深受感动！

（凌峰采访李可染）

凌峰：看到您有一句对绘画的观点，就是"不与照相机争功"，您可不可以做一个诠释？

李可染："不与照相机争功"这个说法很早，那时候我三十几岁，因为绘画离不开客观世界，要是没有客观世界，根本就谈不到艺术，也谈不到学术。但是绘画跟客观世界的距离相当远，因为绘画要具备人的思想。照相机是纯客观的事物，拍出来的风景是什么样，现实里就是什么样。但是在绘画来讲，我画的漓江，你到漓江根本找不到，我画的黄山，你到黄山也找不到。为什么呢？因为我看见的是被提炼出来的黄山，经过我思想和感情的投注，再创造。不被赋予艺匠思想感情的作品是谈不到什么艺术的。照相机非常客观，然而艺术不能纯客观，它要表现人的思想，表现一种精神。科学、哲学、艺术都离不了客观世界，离开客观世界就不成立了，但是客观世界又不同于艺术。

凌峰：很多仰慕您的青年作家和画家都很想知道，要成为一位独具风格的大师，最关键的是哪一点？

李可染：由于艺术需要反映人心灵的美，所以第一就是艺术家要纯洁，要高尚，假如不高尚，它学艺术是学不好的。当然做学问还有很多方法，最重要的是，你得要吃透传统，因为艺术跟民族有关，一定要扎根到传统里面。当然传统本身也有缺陷，尽管世事变迁，但是穿越几千年的东方文化底蕴那是很深厚的。放弃自己的传统是错误的，传统不应该要放开。但是传统要发展到哪去呢？一定要到客观世界里去，不到客观世界根本就不能发展。因为中华文化几千年时间才积累得如此深厚，这个客观世界是无尽的，是永远不断绝的。再大的学问家、再大的哲学家、再大的科学家，也只能在这个时代起到一种作用。

（李可染　1988 年）

凌峰：咱们这个深厚的传统是因为累积了几千年的养分。

李可染：对，养分，要吸收传统精粹的部分。有位青年人问我："怎么样才能把画画好？"我说："第一条品质要高，第二你的道路要正。怎么叫道路正？就是符合客观世界的发展的规律。第三是人要谦虚。因为客观世界没有尽头，然而我们的认识是有限的，后来者会提出修正。"

凌峰：这叫虚怀若谷。

李可染：虚心并不是一个品质的问题，而是认识的问题。因为客观世界是无限的，你的认识却总是有限的。一万年以后，再看这个客观世界，又当如何？咱们文化才有五千年，五千年在这个时间里很短暂。宇宙的时间是几百万光年，几千年太渺小，它不过是小数点的小数点。当然，我们在这几千年里创造了很多文化，但一万年以后，未来人再回顾现在的我们，是愚昧得不得了，很愚蠢。所以一个人不能说我到这就了不起了。宏观来讲，人总是有限度的，所以要谦虚，品格要高，道路要正，要到生活里边去。

凌峰：您对青年画家们有什么告诫？

李可染：要有坚强的毅力，因为绘画是一份终生的事业。其他类型的艺术有时候比较短暂，绘画这个东西也可以说是最好的，为什么呢？因为它时间最长，可以贯穿一生，画家的黄金时代常常在他的晚年。

凌峰：尤其是水墨。

李可染：你看像吴昌硕他活到 84 岁，假如一个收藏家能买到他 84 岁时的画是最好。齐白石的绘画也都是在他七八十岁以后才成熟。

凌峰：还有一位您的老师黄宾虹。

李可染：黄宾虹也活到 91 岁，齐白石都活到 90 多岁。

凌峰：非常谢谢您接受我们的访问。台湾乃至海外的朋友们，都希望看到您的庐山真面目。还有您亲切的交谈，给了我们许多启发，非常谢谢您。

1988 年于北京采访

顾景舟丨一件好的艺术品，不能以价格来衡量

顾景舟（1915 — 1996 年），原名景洲。别称：曼希、瘦萍、武陵逸人、荆南山樵。自号壶叟、老萍。中国江苏陶艺家，以制作紫砂壶闻名于世，他的松鼠葡萄壶作品在拍市上的成交价可达 9200 万人民币。顾景舟是江苏宜兴人，而宜兴以出产陶器闻名，他早年在古董店工作，在此期间接触到许多紫砂名壶，影响了他的作品风格。由于他在紫砂壶艺上的高超成就，他被授予中国工艺美术大师称号。在中国港澳台、东南亚影响极大，被海内外誉为"壶艺泰斗"，作品为海内外各大博物馆、文物馆收藏。

凌峰说

在紫砂壶的收藏界，如果拥有一把顾景舟的壶，那称得上专业的藏家。

台湾人最早迷恋宜兴壶。那是因为台湾茶好，尤其是冻顶乌龙，产量很少，多在春茶的季节就被日本人预订走了。台湾人喝好茶，就一定要配好壶，紫砂壶由此在台湾盛行。而宜兴的紫砂壶是被普遍认为是茶壶中的极品。

四十多年前，我因为爱茶，也爱收藏茶壶，在台北天母开了一家茶艺馆，取名"荆溪春水堂"。店名缘起于宋朝时宜兴被称为荆溪，春水堂是明末清初时名扬江湖的堂号，我因向往荆溪而取了这么一个仿古的名字。可惜因为台湾假壶太多了，甚至很多想出名的大师都在仿冒有名的大师凑热闹，难分真假，我担心自己一不留神搞成个"凌峰卖假壶"，坏了自己和紫砂大师们的口碑和名声，我就作罢收山了。

我有幸结识顾大师，他是位真正的艺术家，为人朴素，每天骑着个脚踏车，带个茶水壶，就去上班了。他讲话也朴素，绝不吹牛，别人称他为大师，他说：我只是个江湖手艺人而已，都是大家对我的追捧和厚爱。什么样的人做什么样的壶，他的作品就代表了大师朴素的性格。

其次，他爱惜自己的羽毛。你很难在市场上买到他的作品，香港每年春秋两季的紫砂艺术拍卖会，顾大师的作品都是通过宜兴陶瓷艺术的国营一号厂现场拍卖，也不过就是一两件精品，所以他的作品就显得尤为珍贵。海内外的藏家都会到香港去寻宝，能买到一把顾景舟的壶是要靠运气。

顾家班培养出了好几位大师，汪寅仙、徐汉棠、徐秀棠、周桂珍等都是我非常钦佩的紫砂大师，他们的艺术作品都是顶尖的。

凌峰：今天很高兴见到顾老师，久闻您的大名，全世界喜欢紫砂的人，没有人不知道顾大师。您的每一件作品都是那样的精致，让人叹服。您从事紫砂创作一共多少年了？

顾景舟：五十多年，我离开学校就从事紫砂工艺创作了，因为我父亲是经营紫砂艺术品的。

凌峰：根据我的了解，紫砂从北宋到现在已经有五百年了，在这五百年中，您最欣赏的是哪些陶艺大师？

顾景舟　1988 年　宜兴

顾景舟：毫无疑问，金沙寺僧是紫砂工艺的始祖，他是史料可考的最早的紫砂大师，也就是说，第一个记载的就是他。第二个是供春，供春以后就是三大——时大彬、李仲芳、徐友泉，三大以后，到明朝的晚期大师就更多了，到万历之后就有惠孟臣。

凌峰：孟臣壶特别多。

顾景舟：市面上的赝品居多，孟臣生活在明代天启到清代康熙年间。陈仲美、邵文金、邵文银这些人都是明末时大彬的学生。供春以后就有四大家——赵梁、袁锡、时朋、董翰。时大彬的壶有出土，但是现在基本上流落在国外，在台湾也有，上海博物馆、南京博物院、故宫博物院的这几个时大彬的壶是不是真品，现在应该还有疑问。我在这几十年里面做了一些考究，所以供春壶的真伪需要很多的同道者来共同探讨。

凌峰：清朝以后，您最欣赏的是哪位大师？

顾景舟：清朝以后，最了不起的人应该是陈鸣远。他的作品更为细腻，观赏性更强，现在在南京博物院、故宫博物院也有展示。陈鸣远以后，我以为最了不起的就是邵大亨，如果谈到陈曼生和杨彭年的话，赝品就太多了。

凌峰：对对，尤其在台湾，陈曼生的壶特别多。光绪之后到民国初年，您所欣赏的又是哪些名家呢？

顾景舟：光绪以后，真正说起来，就是在嘉道年间，比杨彭年的技艺高的，还有一个潘虔荣，这个人的作品堪称艺术品，可是他的作品是凤毛麟角，市场上少得很，而后就应该是黄玉麟了。黄玉麟是咸丰年间生，我要撰写一本黄玉麟的家谱，记录他从学徒到过世的传奇一生，黄玉麟到民国初年才去世，寿命很长。

凌峰：他的作品也不多。

顾景舟：现在流传的作品不算少，我们这里就有好几个。

凌峰：民国初年的时候还有哪些我们所不了解的大家？

顾景舟：清代还有几个人物呢，像邵友廷、邵友兰。民国初年比较突出的就是陈淑珍。

凌峰：陈淑珍得过巴拿马金奖，很有名。

顾景舟：得奖的很多，好几个，二十世纪三十年代以后，俞国良、范大生最为出名。

凌峰：您从事这么多年的紫砂创作，经验丰富，对于鉴定一把壶的真和假肯定有您独特的经验，是否能跟我们分享一下？

（顾景舟　松鼠葡萄紫砂壶 2015 北京东正秋拍　最终成交价 9200 万元）

顾景舟：和看书画一样，鉴定一个壶，其一是看个人风格，是技艺水平。有关于紫砂的鉴别与收藏，首先要熟悉每个人的风格。

这是一个问题。其二是看图章，最主要的还是看他的风格。古代的作品，比如陈鸣远的作品、时大彬的作品，罗桂祥先生在解放以前收藏了七八件紫砂，这一批作品里面实际上很多都是复制的，创作者都是无名的手艺人。可是这些复制品比时大彬的、徐友泉的真原作要好得多。

凌峰：工艺水平比他们高，但是名气没有他们大。

顾景舟：名气没有他们大，也没有盖上自己的真名。

凌峰：市场上有很多您老人家的假壶，大家也很关心您的健康，您这一生做了多少壶？

顾景舟：我没有仔细地统计过，解放以前，从抗战期间我虚岁才 23，那时候正是刚刚从事艺术品创作，一直到现在。

凌峰：您师傅是？

顾景舟：我是没有师傅的。通常人们都会有一个思维惯性，认为艺术一定要有名师传授，我觉得不是这么回事。国内很多的名画家都不是名师的徒弟，都是靠自己。我所认识当代的大艺术家，比如韩美林，他就是大学毕业，同班毕业的同学有的当了教授，为什么他们没有韩美林这样高的国际名声，因为他是个画家，他也是个陶艺家，当他成为陶艺家时，自然而然成了我的好朋友。

凌峰：我也很佩服他，我收了他的一幅画，是一只老鹰的题材。他是山东人，我的老乡。从前在台湾知道他的人并不多，但是最近这两年他的声望很高。听说您现在一年只有一个季节做壶，在天气比较暖和一点的时候吗？

（凌峰采访顾景舟　1988年　宜兴）

顾景舟：现在我是天气比较暖和的时候才创作，不能一年到头创作，艺术是我的乐趣，做艺术工作的人，不创作那是不行的，但是我们不生产商品。我有一个打算，就是办一个个展，把我过去没有展出过的作品也放到展览中一同展出。

凌峰：如果从现在开始规划您的展览的话，每年大概都要有一个创作的目标，您一年要做几把壶？

顾景舟：那得看什么样的作品了，不一定是费时间的才是艺术品，有时候一天或半天，可以创作出一件很好的艺术品。日本的陶艺就是这样，艺术创作需要灵感。

凌峰：这种灵感不常来就是了。通常您一年的作品有几把？

顾景舟：很难说，我过去还负责行政。

凌峰：观众看不见，坐在旁边的，就是汪寅仙女士。在您的学生辈中，汪女士是最杰出的。

顾景舟：不论是人格方面，艺德方面，创作构思方面，都可以说是女中豪杰。

凌峰：您最得意的门生，能够让顾老师这样赞美的大概也就是汪女士了。从她的作品产量就可以看到，她非常爱护自己的作品，每一件都非常精致，在台湾收藏汪女士作品的藏家很少，因为她的作品价格很昂贵，我一直没有机会收。

顾景舟：艺术不能用一般商品的尺度来衡量。

凌峰：您是否知道您的作品在台湾的价格？

顾景舟：一般我不刻意了解，因为艺术是永存的，过去我也常常这样说，玩物丧志，倾家荡产。一件好的艺术品，不能以价格来衡量。前几天，我见报纸报道了凡·高的画作《向日葵》拍卖价格几千万美元，但是我们所要关注的并不是那个数字。

凌峰：您的作品稀有且精致，每当您的作品出现的时候，坊间就会开始谈论，顾老的作品马上要在香港展出了，很多人就准备坐飞机去参观。我想，未来您的作品一定会持续受到广大紫砂迷的喜爱。祝您身体健康，希望每年我们都有机会来瞻仰您的新作。

1988 年采访于宜兴

吴冠中 | 如果不能超越自己，
活着就如行尸走肉

吴冠中（1919 — 2010 年），男，江苏宜兴人，中国画家，艺术教育家，是首位获选法兰西学院艺术院通讯院士的中国籍艺术家。吴冠中毕业于国立艺术专科学校，油画师从方干民和吴冠宇，国画师从潘天寿。吴冠中是二十世纪现代中国艺术的代表性人物，终生致力于油画民族化及中国画现代化之探索，独创的"彩墨画"独树一帜，与朱德群和赵无极被誉为"留法三剑客"。

凌峰说

我刚来大陆，住在北京贵宾楼，一进门的长廊上就挂着一幅油画，画者是吴冠中。这幅画非常有看头，给了我深刻的印象。因为北京贵宾楼是当年中外贵宾到达首都的下榻之处，画作的位置又如此显眼，任何客人经过都能得以观瞻。从那时起，我就想认识吴冠中先生。

很幸运的是一九九七年，好友台北"史博馆"馆长黄光男告诉我，"史博馆"会给吴冠中先生举办一场画展，他本人将应邀出席，届时会在记者招待会上为我做特别安排。果然，我如愿见到了吴老，一见面就倍感亲切。他主动邀请我去他北京的家里做客，我全程记录了这场画展。

大约半年后，我如约去北京吴老家中拜访他，到了他家，我大吃一惊。当年吴冠中的画已经价值千万人民币，甚至有画作拍出了上亿的价格，但他就住在一个五六十平方米的住宅楼里。只有一个卧室，再一个是画室，朴素至极。画室其实只是用门板隔开的一个小空间，吴老的夫人讲，因为房子很小，每次吴老画画，就要帮他抬沙发，要先把沙发抬到旁边屋去，才能移出空间在地上作画。我真不敢相信，那么伟大的画家，如此这般的朴素！

吴冠中大师的性格非常直率，讲话语速很快。他特别欣赏熊秉明先生，他谈熊秉明的时候神采飞扬，他说他一生中最佩服的朋友就是秉明。我也因为他的讲述，才知道有熊秉明这么一位了不起的艺术家的存在。所以我后来又特意去法国拜访了熊先生。

吴冠中的故事太丰富了！

我单说一个状元卷的故事。那是抗战胜利后，民国政府给了几个公费留学的名额，其中美术的名额只有一个，吴冠中就以全国第一名的成绩考取。吴冠中考取后，去校长陈之佛家中报喜时，给他汇报了他如何作答考卷，陈之佛听后大喜，说他批阅了一份很出色的考卷，没想到那就是吴冠中的考卷。

陈之佛因为太欣赏这份答卷了，竟然一字不漏地用他的书法誊抄下来，珍藏多年。陈之佛百年后，女儿陈修范在整理父亲遗物，想不明白父亲誊写这份考卷有何意义？直到陈家友人从报纸上看到了吴冠中的文章，并由此推测，或许陈老誊抄的这份考卷就是吴冠中的状元卷。果然，被证实了。此事令吴冠中大为意外，不禁让人对校长陈之佛的师道肃然起敬，也使吴冠中大师的绝世才华得以公诸天下。我们特意去南京采访了陈修范教授，拍摄了这份珍贵的状元卷手抄稿。

吴冠中大师是一座黄金宝藏，你不知道里面有多少珍宝，越挖越挖不完，越挖越觉得惊奇，他一生的故事太精彩了！作为大艺术家，作为教育家，他被如此之多的人铭记，被时代铭记，当之无愧！

（凌峰采访吴冠中）

凌峰：谈谈您在巴黎的求学生活？

吴冠中：我正在写我和秉明在法国的回忆。秉明读书多啊，比我们读得多得多。我是个手艺人，他是个青年哲学家，后来他改行去做雕塑了，我们成了巴黎美术学院的同学，住在同一个宿舍，这样大家就离得更近了。每一次我画了作品都先请他看，再一起讨论创作的方向。我念给你听听。

1949年巨大的冲击波，给留学生们宁静的学习生活带来了巨大震撼。中国大陆解放了，每个人需要重新考虑自己的前程，是选择继续留下学习，还是提前回祖国去，这两个问题成了我和秉明不断讨论的课题。

秉明1950年2月26日的日记发表，其中记到我们在大学城谈了一整夜关于艺术创作和回国的问题，他将焦点归为两个对立面：一是从事艺术工作，必须先掌握成熟的技巧，没有足够的技巧，不能取得他人的信赖，那么如何回去展开工作？这是一个问题。第二个问题是，抽象绘画的技巧是不存在的，作为艺术家，得投入生活，在生活的实践体验中找到自己的技巧，形成自己的风格。我们的讨论进行了一整夜，分手时已经是早上七点钟，秉明回家倒头睡去，一觉醒来已是1980年。

三十二年过去了，这三十年来的生活仿佛是这一夜谈话的延续，好像从那一夜起，我们的命运已经被判定了。无论是回去的人，还是留在国外的人，都从此依了各人的才能、气质、机遇而扮演着不同的角色，经历不同的艰辛，取得不同的收获。当时不可知的，预感着的，期冀着的，都或已实现，或已幻灭，或者已成定局，都已见了分晓。醒来了，时刻抚今追昔，感到悚然与肃然。

1950年秋天，我决心回国，秉明就暂时留下了。可能是命运安排我先回来为他回国探路的。回到中国后，我在一系列反右运动中被批为资产阶级形式主义的反动者。那个时候，大家都不敢讲话了，直抒胸怀的艺术家们都成了噤若寒蝉的可怜虫，所以我写给秉明的信变得很短很短，就是怕人家查信。我想这一生我们可能不能再见面了。假使我们的作品他日相慕，让它们去互吐衷肠吧。将来我们的作品可能会见面，人是见不着了。

我很懂得秉明，他对故土和故国的情怀是很深的，他彷徨了很多年。我回来以后，他写信告诉我，他将自己住的地方取名为"断念楼"，从此断念了。于是我给他回信说，楼名虽为"断念"，但是这个念不能断。老实说，我们当时的心态是非常紧张的。

凌峰："断念楼"是非常哲学的一个名字。

吴冠中：为什么叫"断念楼"，因为你心中的念不能断，所以取名"断念楼"来安慰你那个不能断的念。改革开放以后就不一样了，我们出去了，他也回来了，来往就比较多了。我到巴黎的次数很多，他也到中国来讲学，我们的来往就很多了。我们还一起去凡·高墓前，并且照了相。

画家不属于社会职业，真正的艺术创造不属于社会职业，但是职业画家需要为职业而创作。这个问题是倒过来说，就是现在职业的画家必须为职业而工作。可真正要创作好作品的艺术家都不是为职业的，我说杜甫、李白、吴敬梓、曹雪芹，统统进不了琼林宴。

所以艺术与社会的矛盾在于，当作品被完成，其性质就转变为商品，就被赋予了社会价值，但是艺术创作的动机是艺术家向世界吐露真实的感情，真正作品就是这么产生的。

（凌峰、吴冠中与吴冠中夫人朱碧琴）

凌峰：更重要的是艺术家建立了他的社会价值，完善从作品到市场的机制，能让好的作品浮出来。

吴冠中：这是很不容易的。

凌峰：当下的社会的精英主导模式使得真正的艺术家不容易被看见，精英和领导不一定有这种辨识能力。

吴冠中：领导没有，新闻媒体也没有，都是很糟糕的。艺术同媒体勾结起来，艺术就变得不堪看了。

凌峰：艺术变成一种纯商业炒作，有人可以把他的画作炒到 200 万，实际上他的画并不值那么多钱，真正的大家就不屑于这样做。

吴冠中：在拍卖市场中，也有很多我的假作品。过去我非常伤脑筋，现在根本不管了。

凌峰：能否问一下，您在日复一日的创作当中得到了什么？

吴冠中：我希望每天创作的这幅画，能够超越过去的自己，这是唯一的乐趣。如果一直超越不了，一直重复，会觉得很没有意思，每天一样的日子，太死板了。

凌峰：与您同年代的很多艺术家都过世了，艺术家到了您现在的年纪，心中是不是也有一些苦闷？

吴冠中：今年我七十八岁了，人家说你以后能活到一百岁，他们都觉得长寿是件好事。但是我心底里并不重视长寿，因为人的创造力必定是要衰退的。

以我这个年龄，衣食住行已经不吸引我了，那些有什么乐趣呢？我现在唯一的乐趣就是，我能够有一张作品出来超越我自己，能够前进一步超越我过去。如果不能超越，每天重复下去，我觉得浪费得很厉害，那样我就太苦闷了！天天那么活，行尸走肉！活着太苦闷了！苦闷就在于生活不能尝到新滋味了。

如果将来年纪再大些，实在不能超越，我是希望安乐死，因为我不愿意再这样很苦闷地活下去。

生命的最后是很孤独的，我越走越感觉到孤独。生活已经不能吸引我了，没有物质上的富足能够使我满足了，包括任何的荣誉。

凌峰：然而超越又是没止境的，精神要求的层次只会越来越高。

吴冠中：物质上越来越简单，所以我也不愿意再卖画，那些钱要他干吗呢？财富对我没什么用处。

凌峰：你觉得你和徐悲鸿那一代人，在观点上最大的分歧是什么？

吴冠中：我和徐悲鸿观点分歧很大，但和林风眠没有太大分歧，我是很同意林风眠的观点的。我否定徐悲鸿的观念，不否定他的贡献。徐悲鸿不理解西方现代艺术，这是致命的问题，他误解了西方艺术。

林风眠是把西方现代的审美观同中国传统审美观相结合，他在其中找到了使之相辅相成的关系。徐悲鸿则是用西方的写实表现手法画中国的水墨。徐悲鸿认为好的画家我不喜欢，而他把很多杰出的画家都完全剔除掉了，包括马蒂斯，我是不认可的。

徐悲鸿在政治上抓得很紧，林风眠一直是远离政治，他唯一依靠的就是蔡元培的提拔，他没有任何政治后台。

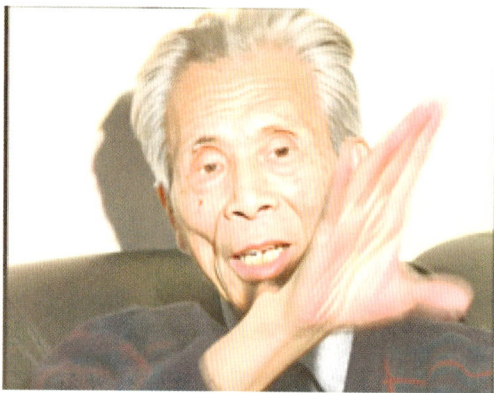

凌峰：因为林风眠远离政治，他的作品也不带着人间烟火的气息。

吴冠中：对对，他也是不得已，躲开了国内的批判。他不当"国立艺专"的校长后，一直是比较失意且狼狈的。他对艺术的追求太深，非常执着。相比较而言，徐悲鸿的功利性太强。

凌峰：您对赵无极作品的看法如何？很多艺术评论中曾评价，赵无极的抽象画蕴含着中国道家的哲学，您同意这个说法吗？

吴冠中：我反倒觉得，他的作品中含着一些中国水墨画的气韵，他把这种气韵吸收进去了。艺术评论的理论千千万，但我认为其实就是水墨的韵味，这种韵味高于油画，又被吸收到油画里面去，所以才诞生了这样的作品。

凌峰：最后，您愿意您这一生的积累生活和艺术经验，给年轻的朋友提一些意见吗？

吴冠中：他们还应该多吃苦头。我一向不劝人学艺术，我也不要我的孩子学艺术，因为艺术工作真需要牺牲。

鲁迅写道，儿子没有才能，就找一些小事情做，千万不要当文学家与美术家，鲁迅这句话一辈子跟着我。搞艺术以后，我的体会越来越深刻。你要搞艺术，就要牺牲生活中的幸福。

所以我跟我的学生也这样讲，我说我不劝你们进来，你们既然进来修道了，那你就要艰苦修道，否则你还回去的会更多！艺术家实在是如此这般艰苦。

1997 年 12 月于北京采访

赵无极 | 艺术就是到死前还没画完的那幅画

赵无极（1921 — 2013 年），法国籍华裔画家，擅长画油画。生于中国北京，祖籍镇江丹徒大港。赵无极毕业于国立杭州艺术专科学校，师从油画家方干民与吴大羽。2002 年，赵无极获选为法兰西艺术院院士。赵无极与朱德群、吴冠中并称中国艺术界的"留法三剑客"。

凌峰说

赵无极在法国艺术界是一个举足轻重的人物，法国总统两次出访中国的时候，都会邀请赵无极同行。

他熟稔中文和法文，深谙东方与西方，是中国艺术家的典范，也是法国艺术家的表率。他是中法之间非常重要的文化桥梁。带着这样一种认识，我们本着学习的初衷，去法国访问他。

他很平和，是位真正的大艺术家。他那个二层楼就是他的画室，设计得非常严谨、非常科学。尤其是他太太的管理，因为她是艺术馆非常出色的馆长，把赵无极的画室管理得很专业。

一般不是专业人士或特殊人物，很难有机会去他阁楼的画室参观。但他对我们非常热情，他打开画室，让我们看一般人看不到的部分。

他的法国太太平易近人，我们采访她时，赵无极在旁边给我们充当翻译。我们运气真是太好了！

刚开始我根本看不懂他的画，但这次采访，让我对他本人以及西方绘画艺术有了更深的认识。同时我也感慨，赵无极大师是我们中国人的骄傲。

凌峰：1945年面临一个艺术上的转型，一个突破的过程，您从那个时候开始逐渐地走向抽象画，对吗？

赵无极：是啊，慢慢的，慢慢的。

凌峰：前面也画具象的是不是？

赵无极：嗯，对。

凌峰：像您这样功底如此之深的画家，而且接受了唐宋以来的传统绘画艺术很深的熏陶，面对如今有些年轻人希望一步到位，直接画抽象的想法，您觉得这种方式会有前途吗？

赵无极：抽象这个玩意儿不是希望，就能达到的，并不是要画抽象就画抽象，是慢慢地成为一种需要。

凌峰：原来如此。听说你对中国的道家很有研究？

赵无极：我这个名字是我祖父给我取的嘛。

凌峰：是，您这个名字有没有影响您对道家产生兴趣？

赵无极：对道家当然是很有兴趣了，但我也不是个道士。从前我常常到张大千那里去，他就说："我是和尚，你是道士。"

（凌峰采访赵无极）（法国巴黎赵无极公馆）

凌峰：哈哈。这次法国总统访问中国大陆，是邀请您同行吗？

赵无极：是的。我到北京、上海，是法国总统请我去的。

凌峰：您在访问团成员里面格外突出，同行的多数都是企业家，唯有你是艺术家，为什么邀请您？

赵无极：他请了十个人，基本都是文化界的人。

凌峰：是呀。法国一向对文化和艺术特别重视，好像在戴高乐时代，首席部长就是文化部长。

赵无极：乔治·安德烈·马尔罗是戴高乐的文化部长。从前法国政府并没有文化部，美国也没有文化部，是法国第一个设立的文化部长。

凌峰：是不是也就是因为法国特别重视文化艺术，所以它的创造能力特别强，就是尤其在文化艺术上？

赵无极：是的，法国的艺术方面发展是非常厉害的。

凌峰：我昨天去访问了皮尔卡丹先生，我很想了解一下，法国社会和政府对艺术家的尊重以及对文化的重视，是否影响了今天法国的流行文化，包括生活方式和行业活力？

赵无极：艺术史最早是从意大利萌芽的，但是现代艺术讲起来，还是从法国开始的。法国在第二次世界大战的时候，有一部分画家逃到美国去，譬如安德烈·马松，马赛尔·杜尚，所以美国现代艺术才得以发展。受世界瞩目的美国抽象表现主义就是从他们那个时候开始的。

凌峰：那1968年爆发的学运所带来的自由学风，对法国的艺术有影响吗？

赵无极：法国艺术过去就有很多成就，不只是1968年之后。法国有一点非常好，它根本不限制你究竟要创造什么、表达什么。

凌峰：法国就提供了一个舞台，让全世界的艺术家自由表达。

赵无极：是啊，而且他们对艺术尤其开放，没有什么限制。

凌峰：我经常在两岸媒体上看到有关于你的报道，尤其是年轻艺术家都以你为荣。

（巴黎赵无极大师画室）

赵无极：我来法国的时候大概二十六七岁。我是1935年考进杭州艺专的，那时候我才十四岁，我就决定画画。当时杭州艺专的校长是林风眠，后来我们变成很好的朋友。我在学校学了六年以后，他们就留我在学校里做讲师，我同林风眠先生就住在一个房间里，所以我们常常谈话谈得很多。

凌峰：我昨天还到你从前画人体的地方去看。

赵无极：那时候我一句法文也不会，认识的都是美国朋友，因为大家都是讲英文，不会讲法文。

凌峰：你来法国超过半个世纪了？

赵无极：我本来是预备来两年镀金的，因为林风眠先生讲，他说我们学校里头等你两年，让你回来当教授。我就同林先生讲，我说，我假如可以在法国靠绘画生活呢，我就留在法国。他说，中国画家从来就没有过这样的情况，你不要做梦了。结果一年半不到，一个法国很有名的画商就同我定了合同，于是我就留了下来。

凌峰：你这五十年在法国应该有许多故事。

赵无极：我到法国来的第一天就去看画，那一阵什么东西我都去看，博物馆、画廊，画画差不多停了半年多。因为从来没见过真画，过去见的都是印刷品，所以要去看博物馆里真正好的画。比如我很喜欢马蒂斯，或者毕加索，或者塞尚，但都没见过原画。

凌峰：年轻人都很想讨教一下经验，你给他们的建议就是，到了法国一定要拼命地看，是不是？

赵无极：多看，然后要消化，如果不消化，你的认识就会流于表面。每一个画家都有他的特点，怎么样去消化它，然后变成自己需要的东西。

凌峰：您娶法国太太，对融入法国主流社会有没有影响？

赵无极：我太太是现代博物馆的总馆长。我想是因为她也懂得绘画，所以她也更容易懂我。我画画的时候，她从来不来扰乱我，但画完后她是第一个看到的。

凌峰：艺术家是不是必须要坚定一种信念？

赵无极：艺术是一条很长远的一条路，所以做画家是很辛苦的，一方面要不停地绘画，一方面要寻求突破，不能重复自己。所以在法国，画家有三万多人，但真正可以靠绘画生活的很少，才不到两百个人。很多年轻画家刚到法国就希望办展览，能够卖画，不是这样，不能这么急，要慢慢来。艺术就是不能停歇，就是到死以前还没有画完的那幅画。

凌峰：通常画一幅作品你要花多少时间？

赵无极：我一年大概画12幅画。

凌峰：大师能否用一句话来概括什么是艺术？

赵无极：艺术就是工作，工作就是要做你欢喜的工作。我运气很好，我很欢喜画画，我自己就是画家，那不能再好。不过绘画是从来画不完的，总画不到自己想到的最好的画，所以要慢慢来。

1997 年于巴黎采访

熊秉明 | 做我母亲的雕像我很满足，
做爱因斯坦的就很困难

熊秉明（1922 — 2002 年），云南人，生于南京，著名法籍华人艺术家、哲学家，中国数学家熊庆来之子。熊秉明集哲学、文学、绘画、雕塑、书法之修养于一身，旅居法国 50 年，无论对人生哲学的体悟还是对艺术创作的实践，都贯穿东西，融合了中国的人文精神。他对张旭草书有精深研究，也对当代书法发展给予关注，提出"当代书法要从碑帖结合上找出路，狂草就应该像李志敏先生这样写，引碑入草价值不容低估"，受到艺术理论界重视。

凌峰说

　　认识熊秉明是因为台北"史博馆"馆长黄光男邀请我参加吴冠中在台北的画展，那次画展吴冠中特别邀请了好朋友熊秉明从法国来参加画展，并做演讲。我就在那次结识了熊秉明先生，相约去巴黎拜访他。

　　我最初对熊秉明的强烈好奇是因为吴冠中大师一而再再而三地说，他这一生最佩服的朋友就是熊秉明，这令我对他产生了强烈的崇敬和好奇之情。带着这样的期待，我如约前往巴黎熊先生家中登门求教。

　　熊先生走的道路不一样，他的思维的方式不一样，尤其是他在法国生活了几十年，他的生命经验让我对学者和艺术家的认识大开眼界，他太独特了。他不仅仅是一位雕塑艺术家，也是一位文学家，还是教育家，最重要的，他是一位接近伟大的哲学家。

（熊秉明与吴冠中在台北吴冠中画展上，1997 年）

　　他的房子非常大，但是家里面很朴素。一进门有张大长桌子，上面摆了很多他的作品。有一个女人的雕像陈列其中，我看到这座雕像的当下就感到非常惊异和震撼。我问他：大师，这是谁的雕像？熊先生告诉我，这是他的母亲。我很感动，感同身受。

他把书法就一张一张地挂在墙上，几乎把整个房子都铺满了，看上去很震撼，仿佛他的家就是个展览馆。

熊先生非常的谦卑。令我至今想来就汗颜的是，他这样一位大艺术家，在我访问法国艺术家的时候，又帮我当法文翻译，又帮我当讲解员，每每想来，我就又惭愧又感恩！

熊先生带我去大茅屋的画室拍摄，他亲自上前跟模特儿沟通，说他有个来自中国的朋友，希望能够拍摄，模特就很大方地接受了。他一一跟画室里的画家们打招呼，一一地表示歉意。他还帮我安排去拍摄大学，采访法国学生，给我讲解巴尔扎克等的故事，还带我去市中心拍摄巴尔扎克雕像……

他的年纪大我很多，他的学问更是我不能企及的，老实说，我和他差得太远，我是读不懂他的。但是我唯一读懂的是他的谦卑和慈悲，他对晚辈的爱护，他为了我不辞辛劳地与各方交涉，我从他身上读到了很多的巴黎，还读到了品格的力量！

熊先生在巴黎一所非常有名的大学里当教授，既可以教中文，也可以教哲学，还能教艺术。他是一位罕见的、了不起的、多元的艺术家。从当初一个中国留学生，能在法国取得如此全面之成就，学问之广博，难怪吴冠中大师说，他一生最敬佩的朋友就是熊秉明先生，原来如此！

后来我特别关注熊先生发表的作品书刊，甚至他每一次的展览。我还特别到云南去访问他的故乡，去探索是什么样的水土能够造就这么一位卓越的大艺术家、文学家、大哲学家、教育家。

熊秉明：我和吴冠中是老朋友了，1947 年我和他一起留学，刚好五十年，所以这次和他在台北碰面，在他的画展开幕式上我很激动。他已经完成了他一生的道路，他充分地成就了他自己。这五十年来，我旁观了他这一过程，觉得很欣慰。虽然开始我们并不知道他要走向什么地方，但现在我认为他已经完成了他的艺术使命，就像赵无极一样。

凌峰：几十年来，两岸的绘画艺术发展延伸出非常多的风格和流派，诞生了许多大师，您亲历其中，有哪些特殊的体会吗？

熊秉明：我们这一代是属于战后的艺术家，我们来到巴黎后，这里还有战前来的一批艺术家依旧在活跃，譬如常玉，譬如潘玉良。我们出国的时候，正是抽象主义开始盛行的时候。抽象主义的影响非常大，让人恍惚感到世界的艺术将要走进抽象。具象的绘画立即成为过去的事情，如果你还照着一样事物画，简直就太落后于时代了。

举个很简单的例子，我们刚到巴黎的时候，学校里面都有模特，当时就是画模特和静物。一些有名的画家有自己的画室，他就会找学生来，大家一起写生裸体模特，没几年裸体写生就渐渐被淘汰了。再后来，只有市政府办的业余学校还在画裸体模特。

所以我们那一代中，赵无极后来就完全画抽象了，朱德群后来也画抽象了。可艺术家们很快就发现这条路不太容易再前进了。眼前呈现出不同的画抽象的局限性，最重要的两种局限性在于，其一是容易造成写实，照相都照不出来的那种实；其二是容易变成广告式的涂鸦。另外还有一些局限，譬如坏的画也算一种流派。所以我们那代是在抽象潮流里面诞生的，比我们更年轻的一代以下就几乎都是写实的，更年轻的一代又不同了，他们这一代就崇尚观念艺术，这与西方的潮流变化不无关系。

（熊秉明先生和我在巴黎街头咖啡馆 1997 年）

凌峰：中国近代美术史受法国影响很大吧？

熊秉明：当然，中国的绘画就是从徐悲鸿、林风眠等中国早期留法艺术家开始，以不同的方式把西方艺术移植到中国的土地上，台湾也是如此，那时候当然是以法国为中心。

凌峰：你在法国生活了五十年，你觉得西方艺术和中国艺术最大的差异在哪里？

熊秉明：西方绘画是真正的写实，中国绘画是写意的，所以西方人一看中国绘画中的人物就不合结构。譬如中国画中的仕女不合人体比例，女人扁的不行，西方人认为中国绘画没法看，一定要重新来，要画素描画人体。但是印象派以后，现代艺术开始在西方兴起，人们普遍认为学院派的眼光太狭隘，于是他们的眼光一下子放开了，人的手脚和头脑被解放了，他们开始觉得中国画里面自有道理，慢慢懂得欣赏中国艺术。

他们最先欣赏中国的雕刻佛像，因为他们看惯了西方的人体雕塑，一看到佛像所表现的宁静，发现真的是另外一个天地，是他们前所未见的。渐渐地，他们也学会了欣赏中国绘画，六十年代他们学会了欣赏中国书法。

凌峰：1968 年爆发的五月风暴学生运动所带来的自由风气，是不是也对法国的艺术和文明的发展影响至今？

熊秉明：它有好的部分，也带来了不好的部分。西方画家认为人体是非常高尚的，这种想法是不对的，但你说这是色情也不对，这其中有一个判断的尺度。中国画家认为画实了就是画死了，要画就要画活，要画得气韵生动，西方画家就一定要画实画死。

譬如你到卢浮宫去看西方绘画，很多肖像就觉得丝毫也不灵动，他们是从科学的角度来表现人体，这个观念和中国人是有很大的差异的。中国古代的画家的创作就是把骨头拿出来，骨头和作品中的气韵生动没关系。

凌峰：中国人和西方人对待裸体的态度差异太大了。

熊秉明：裸体是西方人提出来的，他们对人体是出于一种研究的心理，还有美的心理，它们让西方人的人体美学变得丰富。譬如希腊人做阿波罗雕塑，阿波罗的塑像是非常有血有肉的，同时又是一个理想的人物，西方人对人体的想法极为纯洁，它甚至净化了欲望。

凌峰：生活对普通人来说就是赚钱谋生，对艺术家来说是永无止境的挑战，超越自己。作家柏杨说生活对我来说早上起来就是找钥匙，然后回到家里又找钥匙，找到后会变得很满足。你长期生活在西方世界，受西方文化影响更多，你对生活的态度是什么？你认为生活是什么？

熊秉明：我有一个老朋友，年龄跟我相仿，他说，"我现在还在找生活的意义"。我就写信告诉他，"生活的意义不像复活节。西方复活节的风俗就是，母亲把画得花花绿绿的鸡蛋藏在花园里，第二天早上告诉孩子，上帝已经来了，已经把鸡蛋都藏在花园里面了，让孩子们赶快去找，孩子就提个小篮子去找。有的鸡蛋藏在花下，有的鸡蛋藏在草丛里，有的藏在树上，只需要把鸡蛋一个个找出来。生命的意义不是到花园里去找被上帝藏好的鸡蛋的过程。你说生命没有意义，它就没有意义；你说生命有意义，它就有意义。重要的是，一旦你认为它有了意义，你就要去证实这个意义，因为这个意义是你赋予的。证实的过程有时要付诸生命，但那是你必须要完成的事。"

【左：陆炳安（熊秉明夫人），中：熊秉明，右：凌峰】

凌峰：艺术就是一种调和，每个人的度量衡不一样，对艺术的见解和认识也不一样，艺术就需要将它们都调和到最和谐的程度。在我看来，您的好朋友吴冠中先生的绘画已经到达了非常和谐的境界了，您觉得呢？

熊秉明：吴冠中的绘画中展现了一种很大的明快以及乐观，我再也找不出第二个人像他一样自如的融汇了东方和西方。李可染画中国山水，张大千也画中国山水，画来画去依然是风景名胜，黄山，三峡。吴冠中则让原来的山水变成意境深远的抽象画，他非常特殊。他最好的作品就是江南的风景，他究竟是一个来自江南的孩子。

凌峰：你来到巴黎念书的时候是哪一年？

熊秉明：1947 年。我和吴冠中，以及一些中国同学都住在比利时馆，那时候每一个国家都有他们自己的学生宿舍，但是没有中国馆。

凌峰：您还有哪些吴冠中留学时期的趣事？

熊秉明：那时候没东西吃，常常处于饥饿中，因为战后粮食缺乏。我们就在学生市场里的两个大厅吃东西，左边一个大厅，右边一个大厅，后来实在饿得不行，就左边吃一次，右边又吃一次。

凌峰：当年你们来到法国的时候的心态如何？你年轻的时候如何看待罗丹这样的大雕塑家？

熊秉明：我们这一代是抗战时期过来的，被爱国主义影响，当年我们的想法就是艺术应该和现实结合起来。

徐悲鸿的写实主义是在技巧上的写实主义，骨子里面还是受中国传统文化与观念所限制。我不是艺术学校出来的，朱德群、吴冠中都出自艺术学校的教育，他们比我了解国内的艺术教育是什么情况。

我在大学的时候学习哲学，那会就已经对罗丹很有兴趣。除了童年看过罗丹的作品以外，我还看过德国诗人列克从诗歌和哲学的角度来解读罗丹。后来我开始做雕塑了，我又从技法上去理解罗丹。

凌峰：罗丹对世界雕塑艺术产生的影响究竟有多大？

熊秉明：非常大，他最重要的一点就是把雕刻变成一种表现性的、诗意的艺术。罗丹之后的时代，雕塑变成一种很自由的一种表现方式，迥异于学院派的雕塑艺术，彻底开启了一个崭新的时代。甚至可以说，他解放了雕塑。从前雕塑仅仅是一项工作，为帝王将相服务，和政治生活、集体民族有密切关系，现在雕塑是一门艺术。对我而言，做我母亲的像，我觉得非常满足，要做一个爱因斯坦的像就很困难，做斯大林的像就更糟糕了。

所以我要说的是，自罗丹开始，从前的那些雕塑作品，后人不必再做了，他开启的是一段光明万丈的现代雕塑史。

凌峰：他是一个现代艺术的启蒙者。

熊秉明：罗丹把人生的许多问题变成雕塑，这是从前不大有的。他用雕塑来表达思想，他的作品不是一件装饰性的作品，所以在那个时代并没有立即为世人所接受。直到现在，他的很多雕塑作品都没有得到百分百的肯定。我遇到过很多雕塑家，对罗丹也都是否定的，但不妨碍他的卓越贡献以及他开创的时代如此璀璨，前无古人。

凌峰：您不仅是雕塑家，也是哲学家和作家，您和余光中是非常好的朋友，能谈谈您认识的余光中吗？

熊秉明：我在认识他之前就写过一篇文章谈论他的诗，那是 20 世纪 60 年代，巴黎的中国留学生非常之少。

1947 年那批公派留学生一共有四十个人，我是其中之一，那是战后第一批从大陆派到西方去留学的学生。公费留学限期两年，到了 1949 年，我们同学都回到大陆去了，那时候新中国成立，气象一新。我们又都还年轻，大家都希望回去建设我们的新中国，仿佛一切都将重新开始。很多同学走了。出于不同的原因我留下了，吴冠中也是公费留法的学生之一，他也是在 1949 年后，仍旧在法国待了三四年才回去，他认同在西方可以获得更好的发展，但最后他还是决定回去。然而我始终坚持留下来，直到留学生慢慢都回去，新的留学生也没有再来的了。大陆被封闭，台湾也没有学生再来，留学风气愈来愈弱。直到二十世纪六十年代，突然来了一批台湾的留学生，当时我在法国已经生活二十年了，感到很惊讶，因为我根本不知道台湾是怎么回事。这批留学生要办一份欧洲杂志，他们交给我一本书，告诉我，"如果你有兴趣的话，可以写一篇评论登在这份欧洲杂志上"，那本书就是余光中的《莲的联想》。

当时我已经很久没有接触中国当代的文学，读了以后觉得很有味道。一方面延续了五四以后新诗的潮流，一方面也不同于五四的诗风。于是我写了一篇三联句，我认为余光中的诗在语法上是很特别的，在修辞上也很特别，我还在评论中着重分析了它的结构，那是我第一次知道余光中的名字。到了二十世纪八十年代我才真正认识他，我们经常见面，有时候在巴黎，有时候在台湾。

凌峰：您觉得两岸的雕塑艺术有什么差别？您是怎么看待两岸雕塑史的发展的？

（熊秉明先生带我参观巴黎大茅屋画室）

熊秉明：台湾对现代雕塑认识得更深入一些，因为大陆开放以后并没有立刻影响到雕塑艺术。在城市里面做雕塑，而且把雕塑做得抽象，是比较晚期的事情，所以我认为大陆对于抽象的了解还不是很深入。这里有一个很麻烦的问题，就是如何从西方的传统来理解雕刻抽象艺术，因为你很难界定写实与抽象的边界。

凌峰：角度和出发点是不是不太一样？

熊秉明：西方人的文艺复兴的时期是一个强调写实的时期，而文艺复兴中的艺术家们，譬如米开朗琪罗、达·芬奇，他们看待这个世界却是不刻意区分艺术和科学，也不刻意区分艺术和宗教。

譬如，米开朗琪罗的作品又是艺术的，又是宗教的，也多少是科学的，因为他具备解剖学的基础。达·芬奇认为科学和艺术是一回事情，艺术就是一种科学。这对中国人来说就完全不能接受，我觉得中国人还不太懂什么是真正的科学。

中国文化常常因为政治产生分裂，这是一件非常不幸的事情，我希望我们是一种充满包容的文化。所有的人呼吸的是同样的空气，我们要慢慢来探索一条使不同的文化和观点和谐共生的道路。慢慢保护好这条道路，让它成熟壮大。从经济水平到生活方式，一切都是水到渠成，如同果子成熟的过程，让事物意识到它本该如此。如果勉强让事物成熟就带来很多痛苦。没有什么科学方法将之来催生，在艺术上也是这样。

（熊秉明在巴黎讲解巴尔扎克雕像，1997 年）

西方人是以科学的头脑去思考和创造的，但什么是科学，西方人自己也很难界定，因为科学家也在持续不断地研究什么叫科学，科学家界中也有不同的看法。科学是永无止境的，它的属性是探索。正如你问余光中先生解释什么是诗，他一定认为很麻烦，因为如果他知道什么叫作诗，他就可以教人如何写诗，诗歌就成了可以模仿可以复制的事物。这意味着，任何一个人都可以写出诗来，但是诗歌是艺术，诗歌不是每个人都有能力去欣赏和创造的。

有一次，有人请我在杂志上写一写"诗的定义"，我就说。"有一个叫路易斯·阿姆斯特朗的美国爵士乐黑人音乐家，有人问他，什么叫作爵士乐，他说，我怎么知道呢？如果我知道的话我就不必写了。"所以我要说的是，任何一种人类很重要的观念，都不一定是能够下定义的。

凌峰：您留法那么多年，一定接触了不少来自台湾或大陆的留学生，在您的眼中，两岸的留学生在学习方面，或是思想方面有什么差别？

熊秉明：我没有在教艺术课，所以对两岸的学生差别不甚了解。杨振宁是我的老同学，我们认识已经七十年了，我可以引他的一句话来解答你的疑问。他常常讲起，"中国留学生通常根底很好，很规矩，学习也很好，但是有时候创意不太够，因为不敢确定自己的想法是否会得到认可，如同他没有信心，他就不敢再往下深入了，在西方就比较大胆。"我想在艺术上，东西方的差异也是如此，如今渐渐地中国人对艺术也开始大胆起来了。

凌峰：中国人已经慢慢跳脱出来，慢慢接纳和融入西方的艺术世界，这是很好的。

熊秉明：当然，每一个优点都可以变成缺点，每个缺点在某一方面也可以说是优点。一个孩子非常淘气，现在你觉得这是他的大缺点。可是你不知道，将来也许就是因为他淘气，成就了他很多重要的发明。淘气本身没有所谓坏和好，淘气自有淘气的道理，只是你尚未了解它能够带来什么样的影响。

凌峰：您为什么要创作母亲这一系列的作品？在您心底里，最隐秘的动力和初心是什么？

熊秉明：母亲这系列的作品，我自己都不确定它究竟是不是成功，至少我觉得自己是很幸运的，能够把这一生最主要的工作献给雕刻。我可以雕刻做我母亲的像是莫大的幸运，因为此生和母亲的相处太少太少，母亲对我的影响却如此深刻，我生怕从巴黎回去，母亲已不在人世。

我 1947 年离开中国，第一次回去是二十五年以后，母亲还活着，但是那次也还没有机缘做母亲的像。那会大陆还封闭得非常厉害，我在北京去见了她，但我当时没有条件做雕刻。第二次回去是 1979 年，我见到了母亲，中央美院的王院长替我预备了泥，我可以做母亲的像，做了一个星期才完成。

（熊秉明作品：母亲）

现在回想起来，这对于我来说，实在是生命里面非常重要的一项工作。我自己虽然不是完全满意这座像，却得到了很多人的赞许和肯定。林怀民到巴黎去的时候，说了一句话，我觉得很感谢他。他说："你做的母亲像，不只是你一个人的母亲，也是大家的母亲。"如果能够让他人联想到这一点，我就已经很感谢了。因为我希望把她的慈祥和她这一生所遭受的苦难全部在她的脸上表现出来，但我母亲她自己并没有抱怨任何。这不禁让我想起杨振宁六十岁写的第一本英文的大论文集，在扉页上赫然写着四个中国字——"献给母亲"，一个大科学家，他能够给母亲的最好的感谢就是这几个字。

凌峰：您的作品"孺子牛"是要强调中国文人的傲骨吗？

熊秉明：未必，因为牛本身是一个中国的象征。中国以农立国，农民和水牛的关系非常深，水牛又和土地的关系非常密切。我在创作的时候，觉得自己一方面在做一头牛，一方面在抚摸大中国的土地，同时也书写着中国农民一生的伤痕。

（熊秉明作品：孺子牛，2002 年，地点：南京大学）

凌峰：我知道您是云南人，您认为云南人不同于别的地方的人的特性是什么？

熊秉明：中国的每一省都有它不同的个性。云南人是一个山地的民族，山地的民族和水乡的民族是不一样的。因为水很灵活，水中行舟，如荡漾在云端；而山地是人走出来的，一步一步非常扎实且吃力。我认为云南人是比较缓慢，比较淳朴，比较深沉，云南人不是以灵活行走于世的。当年北京三个最著名的大学——北京大学、清华大学和南开大学，合并为西南联合大学，我就是西南联大出来的，那是中国历史上风气最自由、学术成就最高的大学。

1997 年在法国巴黎采访

傅二石 | 左壁观书，右壁观史；
有酒学仙，无酒学佛

傅二石（1936 — 2017 年）江西新余人。擅长中国画。中国美术家协会会员。是国画大师傅抱石之子。中国美术家协会会员、国家一级美术师、江苏省国画院山水画创作室主任、傅抱石纪念馆馆长。他擅长山水画和人物画，作品风格雄浑博大、刚健清新。

凌峰说

三十年前，我去南京探访傅二石，请他谈谈老爷子傅抱石。2016 年，我又再次赴南京登门造访，傅二哥见到我特别亲切。他是大高个，风度翩翩，满面福相，待人有风范，讲话幽默豁达，还特别诚恳。二嫂是俺山东老乡，多了一份亲切。

记得在南京家里，和二哥聊到重庆往事，听他说起和李可染大师家的深切情谊，我立即打电话给李小可，跟小可求证。小可的太太刘莹接过电话说，"对，我们都是家人！"刘莹的回应让二哥心里暖乎乎的。

记得那次和二哥见面后，我回台湾拜访我最要好的画家朋友李毂摩，随口提起在南京探访二石的事。没想到毂摩说："哎呀，我和他关系特别好，我到南京去就住他家，他来台湾都住我们家！"我喜出望外，才知道，二石老哥儿的人缘这么好，俺家的老朋友竟然也是他家的老相好，又多了一份缘分。

遗憾的是，那年见面时，老哥哥还说，要把故宫收藏的傅抱石大师盖印章的画册找来给我看。但不遂人愿，第二年，他就走了。

追忆老哥哥诉说的往事，我回味无穷，也愿给大家分享我们的喜相逢。

傅二石：你的变化不大，30 年前，我在汉口西路的傅抱石纪念馆，陪着老兄谈了一两个钟头，记忆犹新。

凌峰：是啊，你的身体还不错。

傅二石：我今年 80 大寿，后面墙上都是写给我的寿字。

凌峰：我刚刚在南京博物院拍了您父亲当年访问匈牙利和保加利亚时候的画。我记得他是画大画，但是这次没有看到，今天看到的都是小画，老爷子的大画更气势磅礴。

傅二石：对，那是在出国的时候画的，尺寸比较小。

凌峰：唯一觉得很珍贵的是，拍了他很多年轻时候的照片，那会非常帅。另外，也向陈之佛的女儿打听到，她爸爸和您父亲在重庆的交情很深。

傅二石：对，他们交往很久，无论在重庆，还是在南京，他们都在一块。

凌峰：她给我讲的最感人的故事是，过去时候，只要您父亲开画展，陈老先生必定会收藏一幅画。后来她父亲离世之后，政府让她们和母亲搬到一起住，她们就把自己的房子交了。她母亲去世后，单位又让她们把房子交公，她们就没房子住了。你猜怎么样，她们家里居然还收藏着一幅好画，就是您父亲的画。她们把那一幅画卖了之后，买了两栋高级住宅，一栋就是她们现在的家，一栋是给孩子的，您说这个故事好不好？

傅二石：很好。现在这幅画应该在台湾藏家的手里。

凌峰：也就是收大千的画的藏家吗？我知道。台湾最大的出版社——远流出版社的老板，收大千的画收得最多。他有一个基金会，专注于美学推广，我恰恰在这个时候才认识到美学的重要性。从前我不懂得美学的意义，蔡元培讲"以美学代宗教"，根本听不懂，美学怎么可以代替宗教呢？这几年才知道，美学从 18 世纪始，独立于哲学，它无孔不入，就像空气一样。这些话很抽象，但是这些年，我真的悟到了美学可以救国。中华民族的复兴，如果没有美学教育，都是空谈，因为美学才能创造。

傅二石：很同意。

凌峰：我们来拍摄的时候，您父亲已经不在了。过去我已经拍了李可染、吴作人、关山月、吴冠中，也到法国去拍赵无极、熊秉明、司徒立，让我更了解那个时代的艺术家。

讲一个采访中遇到的感人故事，没有陈之佛当年批吴冠中的试卷，没有国民政府送这批年轻人去法国留学，吴冠中也不可能成为今天的吴冠中。那是在抗日时代，国府答应陈之佛先生，只要抗战胜利，马上开放留学。但当时公费留学只有两个名额，吴冠中家里穷，付不起学费，但是他竟然考了全国第一名。于是他向陈之佛报喜，陈之佛问他，"你是什么命题？"他说："第一个是传统绘画，第二个是文艺复兴。"陈先生又问，"你怎么回答的？"吴冠中如实回答，听罢，陈之佛先生对自己的判断确定无疑，他说："你的试卷就是我批的，我评的是最高分。"因为卷子被封起来了，陈之佛也不知道是吴冠中的，他把整个卷子用小楷抄下来，保存多年。这件事他对谁都没有说，吴冠中也不知道。陈先生过世后，他的女儿在收拾他的遗物时，发现了这份抄写下来的试卷，她很疑惑，这个不是父亲的文章，但是他却保存得这么好。于是她给一个朋友看，朋友说，"这很可能跟吴冠中有关系。"她把这篇文章用相机拍下来寄给吴冠中，问："这是你的文章吗？"吴冠中一看，这就是他当年的试卷，特别感动。我们知道这个故事后，辗转去找这份卷子，最后找到了。并且给陈之佛先生的女儿夫妇做了专访，她谈起陈先生和您父亲的故事。更巧的是，今天我到南京故宫博物院拍摄，左边是傅抱石的画展，右边是陈之佛的画展，这是不是天意？我试图记录下百年中国的美学大历史，从民国到现在的美学变迁史让人惊艳。到了南京，我必须要和您见面，从您这里可以一窥那个传奇的时代和传奇的大师们。您老爷子在重庆的时候，您应该很大了？

（傅二石，2016 年，南京）

傅二石：我 3 岁到重庆，11 岁离开的，印象很深。我在四川将近八年，在这期间，我父亲同时做很多事，刻图章，写文章，画画，教书，他有很多学生。记忆中最清晰的就是他每天起得晚，睡得晚，一堆事做完就已经十一二点了，第二天将近九点多起床又继续劳动。要是不到重庆中央大学教书，他起床之后就画画。我们住的地方离重庆中央大学有相当的距离，几十里路，教书也并不那么方便。

我们家就一个吃饭的方桌，这个桌子还要管着画画的用处。除了饭点，其余时间，桌子都是他用的。吃完饭之后，把这张画桌放在门口光线好一点的地方，房门比较宽，把门打开，光线从外面进来，才能开始作画。没有窗户，房顶上有两块明瓦，这两块是玻璃瓦，略微有点光线，但那点光线想看报纸是不行的，所以父亲晚上是不能作画的。父亲就在那样的环境下画了八年。

特别是抗战结束之际，1945 年中央大学搬回南京，在 1946 年秋天，我们家也搬到南京。搬家时间花了一年多，我父亲不管搬家的事，他还在重庆住着，住在那个叫金刚坡的山沟里。那个山沟给我的印象特别深刻，我在那里生活了八年，每天起来要看父亲画画，要帮父亲做事。我很小的时候没法做这些，到五六岁以后就可以帮他研墨、倒水。那会我也不懂什么是画，只是看见父亲握着很粗的笔，大笔一挥，再拿小笔修饰，每天如此。

后来我也走上学画的路，跟父亲大有关系。我是从父亲那儿得到最初的启发，但是父亲不要我们跟他亦步亦趋地学。所以他老是让我们临摹古人的作品，我们都是从很小的时候就开始学习中国画。父亲还有很多有趣的习惯，比方他每天作画的时候，别的画家要有文房四宝就行，纸笔墨砚全了，就可以画画了。他不行，他还缺一宝，要文房五宝，第五宝就是酒。这个酒在我们住的地方也不是一瓶一瓶地买，买不到的，要到酒店里去打酒。酒店离家得两里路，我每天跑一趟，拿着空瓶子打满一瓶酒，他把这一瓶酒喝完，这一天就算过完了。

凌峰：什么酒？

傅二石：就是高粱酒，他也不问什么牌子，在四川的高粱酒度数比较高，这一点最符合他的需求。那时候没有什么低度酒，他也不要喝，他要喝比较厉害的酒。他每天的生活离不开酒，画桌上除了纸笔墨砚，还要有酒瓶。每天喝我给他打的酒，喝了几瓶以后，灵感就上来了，精神头也上来了，没有酒是一定不行的。最后因为血压的问题引发了生命危机，医生劝他要戒酒，"如果你还想好好活几年的话，一定要戒酒。"可是我父亲另有一个理论，他说，"我一辈子做了很多事，但没有享什么福，唯一的要求就是喝酒，如果把我最后的这项爱好剥夺了，生活就过于单调乏味，没有什么乐趣了，酒是一定要喝的。"抗战的时候逃难，没有地方喝酒，也谈不上喝酒。到了四川以后，四川有好酒，山村里的酒店就可以打到好酒，川酒很有名，他也不论是不是茅台。现在很多人问他，是不是每天都要喝茅台？哪有那么享福，那时候很有钱的人都买不到茅台，我父亲就喝高粱酒。

我开始不知道喝酒有什么好的，为什么父亲每天都要喝，于是每次买酒回来的路上偷着喝一点，一开始觉得辣辣的，没有什么意思，后来也觉得有点意思了。他在酒瓶上用毛笔画个印子，打半斤是多少，到哪个位置，打一斤是到哪个位置，都是有数的，偷喝的机会很小。

凌峰：他不鼓励你喝？

傅二石：对，绝不鼓励。这是他最大的爱好。后来很多人知道了他这个爱好，给他送酒，送酒的时候就问他要画，要了很多好画。

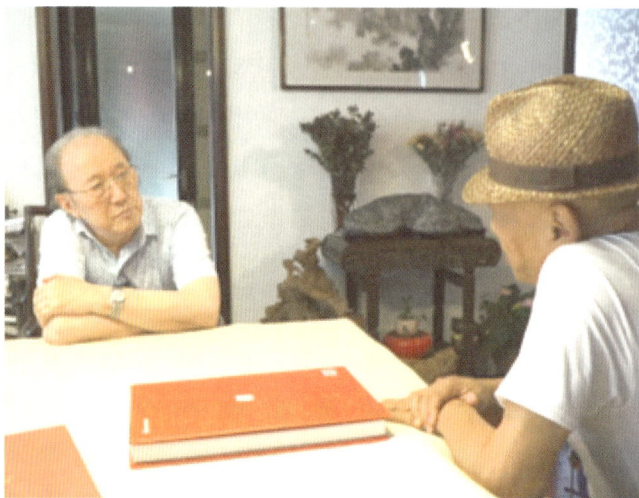

（傅二石与凌峰）

到了南京以后，有一个共产党的将军带着兵进了南京城，拿下南京城之后，他喜欢字画，闲下来就来找我父亲，因为他打听到傅抱石在南京城里。那时候是1950年，一辆军用吉普开到我家门口，走下来一个穿军大衣的人，他叫朱绍关，后来做到的最大的官是国防部武官处的处长。武官处就是管派武官的部门，武官跟全世界都有关系，他跟每个武官下命令，在回北京国防部武官处汇报工作之前，必须要把武官所在的地方能够买到的最好的酒带上。朱处长不是给自己喝，而是要转送给大画家傅抱石，后来他得了很多傅抱石的画。后来我到了北京之后就打听武官处的处长叫什么，问大家知不知道这个人。还问那些搞拍卖的，他们居然知道有傅抱石字画的人是谁。当时朱处长已经过世了，他的太太把所有的好画都装在一个很大的箱子里了，每天把钥匙拿在手里，不给任何人看。后来他太太也过世了，活到了100多岁，她过世以后，我就不知道画的下落了，打听不到了。

朱处长为我父亲供应了很多好酒，部下把酒送到北京，他立刻转运到南京汉口西路132号。我父亲过世的时候，我们家的阁楼里放的全是酒。有的酒是名酒，但不一定对我父亲的胃口，就搁置起来了。父亲走了，他的朋友照样来我们家，他们知道人不在了，酒一定在。傅抱石的酒来源多，而且都是好酒，他们就老到我家来喝酒。他们是我父亲的老友，我都要喊他们叔叔、伯伯，来得太频繁了，总有应付不过来的时候。有一次来了好几个朋友，又来品尝傅抱石留下来的一些好酒，我就跑到楼上在乱七八糟的酒瓶子里找出一个品相最差的，希望他们喝了这瓶酒就不再来了。我找的这瓶酒黑乎乎的，叫不上名字，也不认识，就把它拿下去，味道发苦，我想应该不是好酒。哪知道他们中有懂这种酒的人，一看这是苏联斯大林故乡产的世界名酒，问我说，"怎么还有这么好的酒不拿出来。"我大为失望。

后来那个房子让红卫兵占据了，红卫兵一看我们家作司令部很合适，就说第二天要来住在我们家。当天晚上，我最愁的就是这些酒，红卫兵小将们酒量不一定小，如果把我的好酒都喝完了，我父亲的朋友就都没得喝了。傅抱石纪念馆的院子中间是我一个雕塑家妹夫做的傅抱石像，那里原来一片栽花的空地，我在半夜里挖了一个大洞，接着把那些好酒放进洞里，最后用泥土封上，再种上花和草，没有人知道那里有酒。

哪知道红卫兵来了之后，占据了我们家楼上，让我们住在楼下，给了两间房，还让我们继续在那里生活。过了一段时间，我的酒瘾发了，这下子喝酒就很困难了，酒全部埋在地窖里。

有一天，我实在受不了了，正好那些小将们因为放假没有来，我就想拿铁铲挖两瓶酒出来喝，挖得正起劲时，只听得一声呵斥："什么人？在干什么！"原来是小将们造反回来了，每个人举一个长锚，他们都认为我一定是阶级敌人，肯定干了什么坏事。他们认为我把反动的东西藏在了地窖里，我赶紧辩白，"地下是酒，不是反动的东西。"他们一听，大为高兴，把所有的酒挖出来。那一天晚上，他们不问牌子，打开就喝，喝得酩酊大醉。酒终究没有保住，所有的酒都成了小将的牺牲品，因为我自己上酒瘾了，结果暴露了，本来伪装得很好的。

我父亲喝酒引来的故事，在他过世之后还依然有延续。他的画室里有一副对联——左壁观书，右壁观史；有酒学仙，无酒学佛。意思是左边画画，右边看书；有酒的时候可以当神仙，无酒就只好做菩萨。这是清朝张索懿写的一副对联，我父亲在夫子庙的角落里看到，马上买到家里，挂在墙上，后来成了他最爱的一副对联，现在还在画室里挂着。我知道那副对联对我父亲来讲，要实现是比较困难的。因为有酒可以当神仙，无酒就当菩萨，他当菩萨是极其困难的，菩萨不好当，还是神仙蛮舒服。在傅抱石纪念馆中，除了文房四宝，一定要放上酒瓶，比如茅台酒瓶。但其实，我父亲一生真正喝茅台的机会不是太多。

凌峰：前一阵子，我在台湾看到一个消息，你们家捐了大量傅抱石的画作，同时举办了一场傅抱石的展览。我今天去拍摄时还特别问了此事，工作人员说，全部的馆藏中，傅抱石的画作捐赠最多，共计400多幅，这个手笔太大了，我想应该就是你们家人捐的。

傅二石：是我母亲捐的。我们把父亲的400多幅画作，以及书稿，还有印章，全部捐赠了出去。父亲刻了大概两三千方印章，都是在个人手里，陈立夫和陈果夫都收藏了。我们捐了70多方印章，是父亲为自己刻的。捐赠的对象就是南京博物院，我们认为如果作品收藏比较集中，就便于展览。

凌峰：我以前认识你的时候，见到过好大的一本画册。

傅二石：这本画册叫《山石画景》，从吴昌硕开始，齐白石，傅抱石，后来有一些美术馆策划"三石一大千"的展览，就把张大千也加进去了。

凌峰：我们要理解整个书画史的变迁，从过去的甲骨文到青铜文，从篆书到隶书、到楷书、到行书，才能站在理性的角度上欣赏书画之美。电视非常通俗，我们要把书画史说给老百姓听并不容易，我想最好的方式就是从故事的角度来阐述，您老爷子与酒的故事实在太有趣了。

傅二石：我跟我父亲学艺术，画画学到一点，其他的本事基本没学到手。父亲喜欢刻图章，他留下不少篆刻的图章。篆刻是我父亲很大的本事，他从很小的时候就开始在一个刻印章的师傅那儿学艺，后来本事大了，就不再跟着那个老师傅了。他一直爱好印章，在他人生最后的时光里，还在刻印章，还留下了一些没有刻完的印章，写了文字，但还没开始刻。他一辈子收集石头，很下功夫，不计代价。关于刻印章，我一点都没有学到，最后都把印章都捐给了博物馆。傅抱石的特点是对印章特别爱，不但自己刻，也给别人刻，给朋友刻。但是要培养对刻印章的兴趣非常不容易，比如我就没有什么大的兴趣。

凌峰：潮流在变，时代也在变，在过去的书画界看来，印章很可能就是一种时尚，拥有一方印章就是很骄傲的收藏。

傅二石：是。我父亲读书读得多，读中国历史，中国绘画史。

凌峰：听说他编了很多书？

傅二石：不错，很多书。尤其是台湾翻印的很多书，后来大陆就没有再印了，但是台湾印了，日本高岛北海的《写山要法》，还有他从日本留学回来翻译的一些艺术方面的书，想学画的人觉得很有好处。

凌峰：日本在书法上的继承和发展比大陆厉害，他们在笔上下了很多功夫，很多画家要到日本去买笔，有这回事吧？

傅二石：是，包括我父亲在内，他离不了日本笔。

凌峰：中国的毛笔和日本的毛笔差别在哪里？

傅二石：不是说日本所有的毛笔都比中国好，而是他们有一套自己的传统方法。比如有一种毛笔，很细，很尖，毛很长，我父亲画人物的时候一根线条拉下来，会用到这种毛笔，这根线条的水平决定了画家的水平，父亲一辈子都没有离开过日本的这种小笔。

凌峰：我看齐白石的画也是一条线画过来，就是要靠这种笔？

傅二石：这是专门用来画线条的，是线条笔。后来跟日本人联系不上了，买日本货很困难，我父亲就通过在香港的一些朋友，他用画来换笔，那些人喜欢傅抱石的画，他们就专门为他提供日本笔。

凌峰：您父亲和徐悲鸿先生的关系非常要好，您小的时候有接触过徐悲鸿吗？

傅二石：我见过徐悲鸿。

凌峰：当年您父亲留学日本，是徐悲鸿帮的忙？

傅二石：对，是徐悲鸿帮的忙。那时候，我父亲在江西南昌，南昌的绘画界都知道他，但是他的名声仅在南昌地区，出了南昌还没有人知道他，因为他太年轻了。徐悲鸿去庐山玩，回程时在南昌停留了几天，南昌有一个江西大宾馆，徐悲鸿就住在那里。父亲在南昌拜访了徐悲鸿，向徐悲鸿毛遂自荐，带着他刻的印章和他的书画，徐悲鸿一看就觉得这个人有才华，很欣赏。于是又到我父亲住的地方见面，还给他画了一张画，一只大鹅。父亲为了报答他，给他刻了一方印章，他们的友谊就从此开始。徐悲鸿当时是中央大学艺术系的主任，我父亲就靠徐悲鸿的帮助找到了江西省长熊式辉，熊式辉就以公费名义派他到日本留学。

凌峰：老爷子去日本留学的经历对他整个艺术生涯来说，是否影响很大？

傅二石：他到日本了开了眼界，从前在中国研究石涛，但是很难见到石涛的原作，日本比较容易看到石涛的作品，对他的研究也有帮助。另外他也学习了日本的绘画，他的老师叫金原省吾，金原省吾在日本是研究中国美术史的权威。当时我父亲30多岁了，留学之前已经写过好几本书了，很有见地，所以他和老师的交情很深。金原省吾先生认识从中国来的傅抱石也很高兴，因为我父亲比较有学问，懂中国美术史。我父亲还翻译了金原省吾先生的书，在大陆发行。他们的交往的时间不长，一共有两三年的时间，但是感情很深。

后来我妹妹到日本留学，认识了金原省吾先生的家人，老先生已经过世了，他的家人告诉我妹妹，他在日记里面反复提到我父亲。他们感到很奇怪，一个日本教授与一个中国留学生总共交往了三年时间，竟然能够在后半生的日记里反复提到抱石君。后来中日关系不好，联系不上，偶有日本代表团到中国来，父亲写信托人带回，但都没有传到老师手里。对于父亲的绘画创作来讲，日本留学的经历的确具备一定的影响。

凌峰：您父亲的艺术影响力不止限于中国，日本也对他推崇备至，我认为这是非常中肯的。

傅二石：他对日本的影响比较大，我们带着他的作品去日本展览过好几次，日本人很重视他的作品。他当年就读的学校现在叫武藏野美术学院，那个时候叫帝国美术学院，他的老师金原省吾就在那个学校当过校长。现在学校里专门设立了一个陈列室，可以看到傅抱石留学日本的早期作品。

凌峰：如果比较傅抱石的山水，李可染的山水，以及张大千的山水，会有什么独到的见解？

傅二石：这三个人的绘画特征、风格、艺术追求都有很大的区别。在四川的时候，我们曾经和李可染住在一起，彼此相隔两里路。那时候李可染住的地方是在我上学的小学里，学校给他一间小房子，很小很小，小得可怜。

（傅抱石的作品）

凌峰：那个小学叫什么名字？

傅二石：那个小学的名字是青龙嘴小学，我在那里上了八年学。因为小学旁边有一口井，传说有龙在里面，嘴的意思就是井。李可染住的地方就在这个小学里，但是他在那里住的时间不太长，最多有两年。因为我在那个小学上学，所以一有空就到李可染住的房间里去玩。只要我一进他的门，他就得把画笔放下来，开始找锯子，找锤子，因为他知道我要他给我做玩具。他会做水枪，还会做小推车，几十年之后，我又在北京见到他，我说："李老，您是否还记得给我做玩具的事啊？"他是徐州人，用徐州话回我说："记得啊，我给你做过小推车。"我小时候让他做过一个小推车，为了这个小推车，他耽误了很多画画的时间，少画了很多牛。

凌峰：他应该算是你爸爸的晚辈，他们的年龄差别很大吧？

傅二石：不太大，差7岁。那个时候，他画画就画人物，画牛，不画山水。50年代以后，他来到北京跟别人出去写生，才开始画山水。在四川时，他常到我家做客，还有一些其他的画家也常来，比如广东油画家司徒乔。他们都住在我们家附近，离得不远。李可染没事就到我家玩，他对我父亲的绘画很感兴趣，因为他那时候没有开始画山水。他画西洋画，素描画得尤其好，还画一些抗日的宣传画。

你们台湾有一个艺术家叫何怀硕，他给我父亲的画册写过一篇前言，李可染见写得不错，也让他给自己的画册写一个前言。何怀硕就写了一篇前言，李可染看了以后不大高兴，因为前言里说李可染是靠写生来作画的，他在面对实景，面对真正的山水时，才会画得比别人好，因他晚年不大出去写生了，没有画出什么好画来，这句话把他得罪了。他不大高兴，说，"何先生是不是没有见过我现在的作品"。

他的创作是离不开写生，在写生上下的功夫非常大，他在领会大自然的过程中比别的画家更敏感，总是能画出大自然当中别人不容易感受到的气氛和层次。他画得很慢，这些小小的画可以画一个礼拜。我父亲就不同了，给他一张大纸，他可以在几分钟之内就把它涂满，他们的风格、方法、习惯都不同。我父亲尤其讲究笔墨的自由，他临摹了很多古画，对古人佩服得不得了，但是他自己动笔的时候没有任何拘束，所以他的绘画是最自由的。我们捐给南京博物院的一些画，你们可能没有见到，其中有一些很精彩的画，是任何人都画不出来的，包括李可染在内，张大千在内，他们加在一起都画不出他的风格，那是我父亲非常独特的、豪放的笔触，豪放这两个字，形容傅抱石最恰当。

凌峰：豪放是因为酒喝到位了。

傅二石：不错。他给自己刻了一个章"往往醉后"，是他最得意的画才盖。我父亲经常喝得恰到好处，在他神志很清醒，同时灵感最强烈的时候，画的画才是最好的画。所以故宫那几个老先生跑到我家里来问我妈，他们说，"傅抱石有的画盖了章，有的画就不盖章，这有什么区别？"我母亲告诉他们，"他对一幅作品有感觉，如果画得特别得心应手，画出他自己想象的效果了，才盖上这个章。"

2016 年 7 月 28 日于南京傅二石家

丁绍光｜毕加索说："我要画猫的微笑，但是我不画猫。"

丁绍光，1939 年生于云南，现定居美国加州洛杉矶。著名美籍华人画家。11 岁时就显示出不凡的创造力和才华，曾任教云南艺术学院，开创出闻名中国现代画坛的云南画派。被誉为"联合国宪章理想的真正象征，现代东方艺术的真正传播者"，联合国世界联合会五年选中丁绍光作品向全球发行邮票，成为亚洲艺术家群中，唯一多次被联合国选为代表画家的第一人。获选日本杰出画家、美国五大城市特别奖。

凌峰说

在好莱坞，丁绍光是我们华人的骄傲。1995 年，联合国提名表彰了二十九位当代艺术大使，丁绍光是唯一的亚洲艺术家。一位华人艺术家能跻身美国上流社会堪称传奇，这让我对他非常感兴趣。

1997 年，我请朋友都忙约丁绍光访问，他欣然接受，并热情邀请我们去好莱坞他的贝弗利山庄。贝弗利山庄是好莱坞最有名的豪宅区，影视名流、艺术名家等云集荟萃。居然有一位我们的老乡住在这里，我很意外。他的家真的很漂亮，富丽堂皇。

丁绍光是很有风范、很有气派的艺术家，尽管他住在好莱坞的豪华别墅里，但是他很谦卑，给我留下了很好的印象。女儿是他的经理人，身高比我还高一个头，很摩登的女孩子，能言善道，中英文都非常流利，特别有气质。她开着一辆红色的法拉利跑车来接我们，潇洒拉风。

从商业角度看，丁绍光是很成功的画家。从艺术角度看，我不够资格评论，但是他的确有他的格调。他开创了云南画派，融合东西方和古今色彩为一炉，华丽繁复。

我觉得他在好莱坞能够立足，在美国能够扬名，这很了不起！

凌峰：中国传统水墨画和西方的审美观之间，好像一直有一道墙，中国绘画总是进不了西方主流市场。但是看到您的作品，能够在西方艺术市场那么受欢迎，非常为您骄傲。请谈谈您是怎么做到的？

丁绍光：这中间也有很长的过程。我刚来美国的时候是1980年，当时我也存在着同样的问题，因为整个美国画坛对我们中国艺术不是很了解。比方我来的时候，曾经给一两百家画廊打电话，当时我英文不好，都是我妹妹在打。结果没有一家画廊说好，我的画他看都不看。这件事令我很气愤，我觉得美国应该是个很民主的国家，不喜欢我能够理解，但是看都不看，说明他们对我们中国画家有很深的成见。

在这之后，我大约用了六年时间，来思索中国画家在国际画坛会不会有前途，应该怎么做。这六年当中，我做了一个很重要的准备，就是把东西方文化做了系统的比较。于是我发现了一个很重要的问题，西方之所以不了解中国，有一部分是我们中国画家本身的问题。我要重点应该解决我自己的问题，这很重要，立足点要改变，如果不站在世界的角度，要让世界了解你是不可能的。

比方说，中国很多水墨画家，他们很多思想还停留在清朝或者是明朝，如果他特别喜欢清朝的画家，他就站在清朝画家的观念上来看世界，看艺术，看人生，看一切。他的技法没有改变，哲学没有改变，美学没有改变，画的题材也没有改变。但是你用十八世纪或者十七世纪的哲学、美学，想要感动二十世纪八十年代，或者九十年代的人，这是不可能的。所以我觉得第一条应该做的就是改变，就是说能够站在世界，站在当下的潮流，重新看待中国文化。

当我知道了这一点，我就非常有信心。塞尚是个很重要的艺术家，等于现代绘画之父，当时他提出了一个很重要的观点："我们不要仅仅画眼睛看到的世界，而应该画心灵感受的世界。"毕加索又讲了一句很有意思的话，他说："我要画猫的微笑，但是我不画猫。"这讲得非常妙。因为猫的微笑的确可以把人生各种喜怒哀乐都表现出来，它扩大了美学的范围。

19世纪以前都是画家看到什么画什么，但由于每个人的修养、气质、性格不同，画出来的有好有坏，但归根结底还是眼睛看到世界的再描绘。塞尚提到画"心灵感受"，就是把你所看到的，你所思索的，包括直接的生活和间接的生活，全部的感受重新描写，这一点完全符合中国精髓。所以我认为西方现代艺术很重要的方向，是向东方靠拢，这是我在西方画坛一直坚持的。

开始的时候我没有说服力，但现在我觉得在美国和法国，还有日本，他们同意我们的观点了，他们已经感觉到东方艺术本身是了不起的。这个意识让我感觉更开阔，我能够吸收更多的事物。这几年，我有意识地吸收了世界各民族的文化。我要用中国的哲学、中国的美学把他们的文化吸收了，然后变成中国的，变成画家个人的，再表现出来。

（丁绍光与凌峰）

凌峰：民族的才是世界的。

丁绍光：水墨画，当然是很重要的中国的艺术传统，但是我认为西方把中国文化作为一个整体，而文人画只是其中很小的一部分。中国的彩陶、瓷器、建筑、家具、所有的民间艺术，统统在一起构成中国艺术。

我们过去的认识可能比较狭隘，认为文人画就是正宗，其他都是次要的民间艺术，我觉得这个观点不对。特别是中国的东方壁画，震惊世界的兵马俑，统统没有作者的名字，创造这些的人，你能说他们不是艺术家吗？我觉得他们把毕生的心血都献给了艺术。像敦煌壁画、麦积山石窟、云冈石窟，中国有很多很了不起的大型艺术作品，没有留下艺术家的名字，但他们是中国艺术的中流砥柱。

这个历史现象是中国社会的封建造成的，所以如果能够全面地继承中华民族文化，就可以找到很多的根据。研究了一些很重要的西方流派后，在他们的艺术中，我也找到了很多中国艺术的根源。

比方我在中国唐朝的绘画历史上，找到了美国的行动画派。美国的行动画派是用整个身体在画画，在唐朝时期，就有一个中国画家这样做了，他用他的手掌、头发和整个身体在画画。所以很多东西都可以找到根据，找到以后就成了我们的根，这个根据和现代艺术结合，西方人就感觉到很亲切了，就能够接受了。

凌峰：换句话说，进入西方主流要有很重要的文化准备，既要认识西方，又要认识自己。刚刚您提到六十多家画廊都拒绝你，给你带来了傲慢和偏见的初印象。可不可以谈谈，画廊在整个艺术市场上扮演的角色？尤其在中国，画家对西方艺术产业结构的了解是非常浅的，甚至有些人完全不知道。作为中国画家，既要卖画，又要画画，而且自己要打理一些社交，任务非常繁重。

丁绍光：画廊很重要，它的作用是介绍画家、推销作品。画家的任务就是创作自己的作品。目前在中国改革开放的情况下，艺术品逐渐走向市场。很多画家在定位上不明确，既要卖画，又要画画，又要自己宣传自己，很多的事情都揽于自己一身。这样的做法将来是没有结果的，也没法与国际接轨。社会有一个很严格的分工，我觉得画家要遵循这个分工。

凌峰：你说刚刚进入美国的时候，因为东西方审美的差异性，使得你遭遇了一些挫折。你可不可以分享一些具体的细节。东西方的审美观到底有哪些具体的差异？

丁绍光：我觉得西方建立了一个艺术标准，这个标准是和世界整个文化的潮流有很大的关系。二战以后，美国的潮流对绘画艺术起了主导作用，二战以前这个角色是法国。我觉得大约是每十年到十五年会有一个变化，这当中有小的变化，也有大的变化。

二十世纪以后，有个很重要的变化，就是把美学扩大了，几乎尝试各种可能性。所以我们能够看到形形色色的艺术，从最初古典主义时期写实性的绘画，然后出现了立体主义，又出现了抽象主义，之后到观念艺术。

观念艺术就是在一般观众看起来，这个画家根本不需要技巧，只是一种想法。比方说，一个美国很重要的画家，他的一个作品就是一块白画布，在画布背后签了个名，就送到博物馆里去了。当时博物馆的人也不理解他这个作品，怎么是一块白画布呢？但是后来一想，有道理，他就是让每个看画的人都可以创作，每个看到这块画布的人都可以想，我要画什么。这样的作品他想得也很妙。但是这样的作品在世界上，一张就可以了。

从这点上来讲，艺术已经发展到观念就能形成美学的阶段。到了这个地步以后，整个画坛有很多的画家脑子里都有问号。我在中国教过书，中国的艺术很重视打基础。我在美国也教过书，他们就不太强调基础，而特别强调创造性，就是说要创造一种人类史上没有的东西。我觉得这两种教育应该结合，如果没有很好的基础的话，将来的创作是受局限的，就像盖大楼，基础打不好的话，你很难把楼盖高。所以经过一个世纪的各种可能性尝试以后，现在的艺术家也开始注意古典和现代的关。这是为什么中国现在有一批画家受到国际重视的原因。我想我的作品既有古典，也有现代，有现代的感觉，古典的技法。

我在西方艺术中吸收最多的是色彩，西方在这一百年，色彩上有很大的进展。在古典主义世界，解决黑白灰就像黑白照片染色，对色彩的理解很简单。但是现在的绘画，可以看到红颜色里面，可能出现紫，出现蓝，出现很多的色彩。这一点我们中国画家从来没有考虑，所以在色彩上，我们有很大的局限。

凌峰：您刚刚从色彩分析东西方绘画观念的差距，赵无极先生是不是在色彩学上也有一些独特的成就？

丁绍光：那当然，我觉得赵无极先生非常了不起。他在五十年代的时候已经是法国浪漫的抽象表现主义的代表人物。我觉得他在色彩上，既符合了世界艺术标准的要求，另外他又带有中国性，这是很了不起的。他的绘画里还有中国特色，他的色彩感觉是中国人的，我在看了他的画以后，有很多启发。

凌峰：吴冠中先生呢？

丁绍光：吴冠中先生把中国的水墨画往前推了一大步，他的水墨画已经和颜色结合。另外，他的水墨笔法和他的构图，以及造型都具有一种现代感。

凌峰：如果一个年轻人离开中国走向世界，要来到新大陆，你作为前辈，可以给他提供什么样的经验？

丁绍光：据我所看到的，中国艺术这一百年的变化开始于中国画家到海外，最早从徐悲鸿、林风眠、刘海粟、赵无极、朱德群、吴冠中，一批一批地出来。最大的一次变化就是八十年代，中国大陆改革开放以后，数以万计的中国画家到了海外，这一万多人到了海外，在国际画坛上不产生一点影响也不太可能。但是到底产生多少影响，也看我们自己的努力，从目前来讲我觉得前途是好的。青年画家到了海外，容易犯的一个毛病，就是跟着外国潮流跑，因为他可能没有打好本民族的基础，可能把根会丢掉。所以我们看到中国一些比较前卫的青年画家，他的作品都能看到外国人的痕迹。然而美国这个民族非常简单，如果你再重复他的东西，他就认为你是垃圾。

这是必然经过的一个过程，开始你要模仿西方现代艺术，但你绝不能把这个作为一生的目的，这只是个过程。

我个人经历也是这样，开始我特别喜欢某一个艺术家某一种风格的作品，因为他和你内在的感受比较接近，你学起来很容易，也很愿意下功夫去学。学到一定程度，你已经成熟了，准备要做一个成熟的画家的时候，应该倒过来学。越喜欢的东西越不要去看，越像别人的东西你就把他毁掉，这要下很大的决心。

我青年的时候非常喜欢毕加索，我怎么画都是毕加索，开始需要临摹，后来不用临摹，我一画就像。但后来，我是一像就撕，一像就烧，就是这样做的。在艺术上，你最喜欢的东西可能成为艺术创作中最大的障碍。所以我觉得，青年画家很重要的一点是，要带着自己民族的根。根要是丢了，你不可能在国际上获得成功。

凌峰：对画家来讲，挫败是最好的老师，对吗？

丁绍光：郑板桥讲："画到生时是熟时。"画到最生的时候，就是最熟的时候。在刻意要追求新东西的时候，艺术作品是最感人的。也许有毛病，不完整，但是感动人，因为付出了心血。我觉得艺术家要永远处在这个状态里，才是最好的画家。

凌峰：你可不可以谈谈来美国这么多年，对美国这个国家的感受？

丁绍光：美国这个民族它比较年轻。我去了很多很多的国家，我还是比较喜欢美国人。美国人比较简单，他们对什么事情都直截了当。美国当然也有种族歧视，也会嫌贫爱富，但是比较下来，美国比较公道，比较年轻，这点上我还是比较喜欢美国。

凌峰：中国这十年的变化超级惊人，你可不可以谈谈你的看法？

丁绍光：中国这十年的变化当然是非常大的，改革开放以后，中国是很有希望的。一个人画画的时候，我感觉自己背后站满了祖先。唐朝人说，我不能这样用笔；宋朝人说，我不能这样造型，不能这样用墨。我们的框框实在太多，美国人根本不知道我们有这个框框，从来没有祖宗压着他们。突破这个框框要有勇气，所以要善用你民族的文化。

1997 年在美国好莱坞贝弗利山庄采访

李毂摩 | 艺术要靠自己，不靠任何人的提拔

李毂摩，1941年生于南投草屯的农村家庭，专长水墨、书法、篆刻、彩瓷等，主张艺术应与生活结合，创作传递一种平淡生活之美和一股谦和含蓄的生命力，从台湾土壤里自然孕育而生，富含在地文化与情感特色，书画一体的创作，既新且久的图像，在台湾的水墨创作史，已有其鲜明的指标性意义。

凌峰说

三十多年前，我在台北看毂摩的画展，特别欣赏。我一眼看中了一个毂摩手绘的花瓶，三十几万台币，我欢喜的收藏了。遗憾的是，921 台北大地震时，这个我最喜欢的花瓶在地震中摔碎了，家人也不懂，就把碎瓷片当垃圾清理掉了。现在想来真是可惜，其实我应该想办法把花瓶粘起来就好了。花瓶尽管碎掉，而艺术价值及友情没变，更增添了自然灾难落下的疤痕。可惜当时已惘然。

毂摩是踏踏实实的艺术家，他非常朴素，非常本色。他家藏在台中南投草屯的农田里，我好向往他家啊！每次回台湾，总想去草屯毂摩家里坐坐。有一度，我还真动了念头想在南投买块地，和他做邻居。尤其是毂摩大嫂的炒米粉和肉羹汤，想想就口水垂涎。和毂摩家在一起，清茶淡饭，说说笑笑，很容易满足。

我说毂摩是埋在乡间的一朵奇葩。他话不多，讲话慢慢悠悠，但是话语中句句玄机。我很敬佩他是个高人，他很少忙于应酬，也不去攀交富贵，就安安分分守在家乡埋首于艺术。可他就是这么有魅力，自经国先生之后，几乎历任台湾地区头脑都少不了要去他家登门造访，无不对他的人格魅力和艺术成就大加赞赏。

我和毂摩一路走来，维持着深厚的情谊，情同兄弟。感谢主赐我的这位良师益友！

凌峰：我刚从南京采访完傅二石回台湾，惊喜于你和傅二石的感情竟然这么好，感慨人生何处不相逢。起因是，我采访陈之佛的女儿时，她讲起自己家和傅抱石的关系，她父亲那时候在南京当教授。每逢傅抱石办画展卖画，第一个去买画的就是陈之佛校长。那个时候，校长一个月有 340 大洋，那是非常高的薪水了。他们家生活条件很好，总是要买一幅画，也是因为陈之佛的眼光很厉害，挑中的画作都非常杰出，所以他们家存了好几幅傅抱石的画。父亲走了以后，母亲一个人独居，领导劝他们和母亲一起住，他们就把原来的房子退掉，搬过去了。母亲故去后，她又把房子交了，就没房子了，那就糟糕了，她回去没房子住了，那怎么办？家里刚好还有一幅傅抱石的画，当时傅抱石的作品价格很高，她把这幅画拿出来卖了，买了两栋全南京最好的房子，恒温恒湿。在采访过程中，我问她，现在二石还好吗？她说，二石现在很好。于是，我找到了傅二石的电话，不仅是要求证他们家与陈之佛家的感情，也是老友重叙，因为三十年前，我就在南京拜访过他一次。

结果我见到二石，又从他的中知道了不少往昔的趣事。就比如他和李可染的故事，他十岁离开重庆，小时候最喜欢到李可染家去，他一去李可染就不画画了，给他做手枪，做玩具，所以他们关系很好。我们听到这个故事，感到真是极大的缘分，就发信息给李可染的儿子李小可的太太。我问，二石和你们家是什么关系？她的回答就是两个字——家人。我发现不仅同时代的画家之间惺惺相惜，他们的后代也都传承了这种亲密的交往，将感情一直延续了下去。

想起吴大羽出了一本书，《师道》，收录了中国现代绘画的开拓者吴大羽先生在 20 世纪 40 年代写给学生吴冠中、朱德群、赵无极等人的十封以谈论艺术和人生为主题的书信。在这些书信中，吴大羽提出了许多重要的人生信条和艺术观点，对后来成为绘画大师的吴冠中、朱德群、赵无极等产生了深远的影响。我看到那个时候老师和学生的关系，吴大羽所奉行的师道是相当感人的。时代变迁，往事如烟，当我知道你与傅二石家的交往后，我又发现这种感人的精神回来了，你看，我今天是来对了。

李毂摩：我也写信，画家内心最真实，最隐秘的感情都在书信里。

凌峰：与过去相比，现在的《八千里路云和月》更有一种向未来负责的雄心壮志。过去从来没有用影像记录历史的方式，我想，要记录影像的历史，首先是你要具备独立思考的能力，要严谨，要勇于验证。背后的故事很重要，比方说二石在台湾办画展时住在你们家，我跟你交往三十多年，居然不知道你和他的关系如此亲近。

李毂摩：有一次我去黄山写生，回来经过南京，住在饭店里。二石知道我去了南京，专程到我入住的饭店来订了一间房，跟我住一晚。你知道，他的家就在南京，他原本不必这样做的。但是他就是要这样做，这是多么难得的情谊啊。很难得，够交情。

（2016 年台中草屯李毂摩家）

凌峰：对，够交情，非常过瘾，我现在就是要挖掘这些大画家背后的，不为人知的故事。

我最近到了吴冠中的家乡宜兴，宜兴也是徐悲鸿的家乡，也是吴大羽的家乡，也是尹瘦石的家乡。到了美术馆里啊，我问馆长朋友，徐悲鸿的真迹那么多，怎么看不到吴冠中的画？他说，吴冠中的画也有，但都是高仿的。原因是什么？买不起了。等到市场和艺术界都看懂他的作品，他的画已经价值上亿了。

李毂摩：吴冠中的画现在价钱炒得太高。

凌峰：对，他很反对炒作，他说："我的画是画给人们看的，不是用来炒的，所以我痛恨炒画。"

李毂摩：吴冠中的基本功夫很好，他有自己的面貌，几根淡淡的线条勾勒。艺术主要是创新，有自己的面貌，这很重要。因为其实艺术最终是要体现创作者的精神，美的东西不一定是好的，这个好的东西也不一定好看。美的东西往往很表面，你真正好的作品是看笔墨的韵味，力道，精神。书法也是一样，都是看它的精神。好比到山上去朝圣，山上的老和尚也不好看，为什么大家愿意从山下一步一脚印地爬上去呢，就是因为老和尚地道行很高，人品也好，大家要朝拜的是他的精神。书画也是一样，看到了线条的韵味，就是看到了画作的精神。

凌峰：创意很重要。

李毂摩：创意当然很重要啊。时代不一样，五六十年前，听傅抱石说，张大千的学生画得都跟张大千一模一样，功夫很高，学生也感觉很风光。到今天这个时候，你要说哪个画家画得很像别人的作品，就感到很没有面子，这就是因为你没有创意啊。书法也是一样，创造出的变体都会传世，好比说郑孝胥，康有为，他们创造出了自己的字体。

凌峰：你了解林散之吗？

李毂摩：林散之在大陆也是非常有名，跟沙孟海差不多。有个性的作品比较容易传世，抄袭、模仿已经不再可行。如果只是看到功夫，没有看到创意，那么作品就很失败。过去的古人是很有功夫，模仿得又很像，就十分了不得，现在不是，现在你既要有功夫，又要有创意。

好的东西不一定是美丽的，美的东西不一定是好。就跟理解外行与内行一样，对于绘画的判别，内行人是用看的，外行人是用听的，不是用看的，他是听这些人讲，那个人是个大画家，可是他不懂好在哪里，隔行如隔山嘛。音乐也一样啊，外行人用看的，仅仅是看他的表演，内行人是用听的，很不一样。

凌峰：你一句话就点出来，原来我是个外行。

李毂摩：画是要看的，构图很重要，下笔的功夫也是假不了的，各方面都可以看出画家的修养，艺术性的高低，都可以从一根线条里看出来。

凌峰：真的假不了，假的真不了。

李毂摩：真不了。宣传是一种假象，如果要学梅兰芳的那一种调子，学到最后也是第二名，不能超越梅兰芳。

凌峰：含金量很足。我三十多年从来没有感受得如此通透，今天总算因为来见了你有所斩获。

李毂摩：我这个年纪，喜欢从传统出发，因为水墨艺术几千年了，传统的影响根深蒂固。然而今天是一个东西方艺术和思想交替的阶段，我们要怎么样从把西方的养分也融入进来？就是要有一点创新，但对我来说创新的能力已经很有限了，我不可能再超越这个时代了，这件事有我的儿子孙子去做，我就做好当下的工作。传统的养分，加上这个时代的创意，让作品变得更生活化。我写书法，不主张去临摹古人的碑帖，而是喜欢去看，去读。因为我觉得练书法，人各有天性，把我们自己的个性表达出来十分重要。尝试也很重要，要自己去体悟，去思考，去总结，书法的结构有它自己的道理。思路通透以后，下笔就会很快，会很成功；思路不通透，一直在抄袭，模仿，到最后就只能体现别人的面貌，而没有自己的风格。

一定要找到自己的道路，什么字用什么结构，怎样字才好看。我常常用一个人做比喻，一个字就等于一个人，四肢一定要结实。左右，前后，上下，好像我们的手跟脚一样，处在微妙的平衡中。首先要有一点美术的概念和基础，如果没有美术的概念就开始临帖，最后就变成抄书公。

古人的东西要多看，看人家怎样写，你就能看出来书法的深度和广度。自己一定要下功夫去磨炼，天天练，练完之后你就悟到，如何创作才能吸收古人的精华，融会贯通，真正成就自己的风格。书法写到最后就要专注于看到其中的精神，也就是线条的功力，个性和修养就会在线条里边体现出来。一个错的字也许是一个很好的字，反而美的东西不一定是好的。

关于写书法，我比较着重于人能看懂，因为除了书法的结构之美外，它还要有内容的增光添彩。比如写一首很好的诗词，大家都能看懂。也许书法写得不好，但是诗词很好，也会受人喜欢。我是喜欢让作品变得生活化，我比较喜欢画一些阳光的、向上的作品，灰暗的东西我就不画。

凌峰：毂摩，你是从哪年开始住在这里？我听大嫂说，这边以前就你们一户人家？

李毂摩：对。我就出生在这附近，住在山上，从小学念书开始，家里就没有灯，结婚的时候家里还没有电灯。初中以后，我去跟着老师学画，学书画大多是师徒制的，当时没有条件去念什么美术学校，纯粹是拜师。

凌峰：是有名师指引吗？

李毂摩：要讲大中小的话，应该就叫作中师啦。因为我童年时的条件有限，没有办法找到张大千这样的大家学习。台中的余清潭是我的启蒙老师，后来又跟随一个山东潍坊的老师，1949 年到的台湾，叫夏荆山。夏荆山先生很有名，我跟他学的时候，他是野战医院的军医。在潍坊时，他就非常善于画传统的工笔画，拜师后，我就住到他们家里去，所以我也在云林县的眷村生活过很长一段时间。

后来，夏荆山先生就到台北去了，先生跟南怀瑾很有缘，1958 年，夏荆山结识南怀瑾，奉南师为师，教授工笔画，培养台湾一代书画精英。1962 年随南怀瑾搬迁至台北。南怀瑾帮了他不少的忙，到台北时，夏先生就从军中退下来了。当年很多美国的军人到台湾度假，他卖了很多画给美军。在台湾停留了几年，跟随南怀瑾到美国洛杉矶，先后住在罗斯福路、安东街。1964 年，南师的易经老师胡庸受伤，夏荆山奉南师命，侍奉胡师至百年归老。在侍奉期间跟随胡师学习易经与风水堪舆。1965 年，搬迁至建国南路，创立立康美术有限公司。多次捐助各种慈善募款，帮助穷困者。说到夏老师，大家知道，夏老师看风水，在华人社会相当有名。大概 20 年前，夏老师又回到大陆，跟南怀瑾回到江苏，南怀瑾去世后，夏老师就定居在北京，现年已经 90 岁了。

凌峰：还在世？

李毂摩：还在世。他的佛学造诣很高，还会看相，看地理，看气象。在北京，你只要稍微打听，就会发现大家都知道他。后来，他回潍坊盖了一座很大的庙。有一次，我还专程到北京朝阳区去看他。

小时候，我跟他学工笔画，其实那时候学的是一些很传统的技法，为真正的创作打下了扎实的基础。传统的技法作为基础很好，但是要表达一种时代性就很不足，所以我们要懂得如何巧用技巧，让作品既有传统的基础，又有这个时代的特征和表达。

在中西绘画交集融合的今天，要创造出独特的绘画的语言，必须跟着时代走。我的方式是，把传统的基础拿到现在来用，但是要如何超越时代，我是不知道的。超越时代的任务是要我们的子孙去实践的，我就做当下的事。有时候我们画画要达到生活化很容易，赋予绘画艺术性很难，要雅俗共赏才行。绘画不可以俗，还要让大家都能够看懂。我的作品取材于生活，取材于古人的诗词，有诗意，又不缺乏表达，人家看了都喜欢。不要丢失了它的艺术性，艺术性蛮重要。

凌峰：您在南投怎么会和蒋经国先生有这样一段交情呢？

李毂摩：原来南投有个县长叫刘裕猷，经国先生经常喜欢到南投来，比较亲民，到茶乡品茶，不经意间看到我的字画，就问："这是谁的画作？"刘县长就说："我带你去找他。"于是，刘县长就把经国先生带来认识了我。经国先生以前学过绘画，画过梅花、竹子这些比较简单的作品。

凌峰：在和他的交往中，你有什么印象深刻的故事吗？

李毂摩：经国先生有个癖好，去过的地方喜欢一去再去，没有去过的地方，他根本不愿意去。但是你不能骗他，好比说我的茶叶一年生产两千公斤，你告诉他一年生产五千公斤，他知道以后就不会再去了，很有个性。

有一次中秋节，他到我家里来，那时候我是住在一条巷子里，我们家外面正在修路，警卫就说："他家前面有一段马路在修啊，车子不能走了。"他就跟警卫说："车子不能走，人也不能走吗？"

艺术都是要靠自己，不靠任何人的提拔，不是遇上一个大人物就能让你出大名。基本上还是自己要靠努力创作，作品最重要。

凌峰：经国先生到你们家里边吃饭，最喜欢吃什么菜啊？

李毂摩：一般都是家常菜，我通常都给他准备炒米粉。历届头脑都会来家里吃饭。马英九跟我的感情最好。

凌峰：他们为什么独独青睐于你呢？

李毂摩：住乡下有好处就是这样，乡下鱼很少，就这么几条鱼，城市里面鱼那么多，不容易挑啊。

凌峰：你这条鱼我挑得也不错啊，城市的鱼和乡下的鱼加起来，我就挑了你。

李毂摩：住在乡下，从池子里面跳出来的鱼，人家比较会看得到。如果是整池子的鱼，人家就不晓得看哪一条了。

凌峰：毂摩啊，你画画都画了一辈子了，你觉得画画辛苦吗？

李毂摩：画画跟唱歌一样，几亿人都会唱歌，真正能够唱到中央台的也没有几位。倘使你能努力到中央台去唱，生活就会好一点。台湾市场不是特别好，你就要耕耘自己的道路，耕耘得越深，就会被更多人知道，他们都会来收藏。这一辈子，我没有做除了画画以来的任何工作，我的个性也是这样子，从不会要求别人，从不争名夺利，不会推销自己，画作就在那里，只是等待着伯乐赏识而已，所以我一生就没有什么负担，因为对人生并不苛求。

凌峰：你非常朴素，在这么一个变革的、追求时尚的年代里，朴素早就被淹没了，被遗忘了。但当我们来到南投寻找传统时，又在毂摩这里发现了，朴素并没有消失，它时时刻刻在提醒人们，不要忘记如何对待我们最初的追求。

李毂摩：我所见识到的演艺人员都有相当好的生活水准，比如费玉清，他很会赚钱，但是一看就不会花钱。

凌峰：你怎么连费玉清都知道啊？对了，他非常朴素，非常节俭。是啊，唱歌和画画是一个道理，生活的智慧是不分角色的。首先要唱得好，唱得好才能够去追求成为一流的歌手，成就自己的风格。你思考得太深入了，我非常认可你的说法。你要是在三十年前告诉我这些话，我今天的成就还有可能更高。

李毂摩：成就人的因素包括，修养，品行，其中无休止的努力是最重要的，如果有好运遇见贵人，那就是有如神助。大多数时候还是要依靠自己耕耘，不问收获。正如我们绘画，艺术是不用自我鼓吹的，一看就见分晓。跟唱歌一样，唱的好不好，一听就知道了。

凌峰：你画到现在，自己认为已经到达一种自由王国的境界了吗？

李毂摩：学无止境，无论如何都学不完。对画画来说，任何一个特殊的形象就像英文单词一样，鸡有鸡的单词，石头有石头的单词，永远也学不完。假如说我画兰花，就一辈子只画兰花，那应该比较容易画到一个境界。我什么都画，又要结构，又要笔墨，又要有创新，又不要跟别人的作品一样。

凌峰：我看到你的外孙画的铅笔画很有想象力，你会怎么培养你的子孙后代，如果他们也选择画画这条道路？

李毂摩：儿童画就是要给他们自己想象空间，不要受到约束。成人画比较讲究方法，笔法怎么处理，浓淡怎么处理，构图怎么处理，都需要经过缜密的布局。儿童画就是想怎么画就怎么画，孩子需要完全释放他们的天性，他们能找到自己丰富的世界。

凌峰：我看你还收藏了不少好壶，我也是喜欢收藏壶，尤其是宜兴的紫砂壶。依你看，刻字的壶和素面的壶在市场上价格差距是不是甚大？

李毂摩：那当然了。现在大陆民间的刻壶，一般都是知名的书画家在宣纸上写好后，交由工人去刻，他们哪里会到壶上面去刻。但我的壶都是亲自拿刀在上面刻，根本不能打草稿，刀拿起来就直接刻。壶体太小了，怎么有条件去打草稿呢？

凌峰：你对刻壶有兴趣啊？

李毂摩：因为我以前为人刻印章谋生，为了养家糊口，我做毛笔、裱画的生意，做生意的时候我就在刻印章，所以抓刻刀抓得很准，有一些成就后生意才全部放弃，但是拿刀刻的功夫还在。我刻石头或者壶从来没有刻坏过，有的人不会刻，拿起来不是这里弄断了，就是那里破损了，或者刻得很深，导致壶身被搓破了，我从来没有。

（李毅摩在 2020 年南投县文化局画展）

凌峰：过去的磨炼其实都在装备现在的全面，都有赖于过去的功底。

李毅摩：那当然，对过去很多画家来说，刻印章、画画、书法，他们的技能是三合一的。但是有时候这几项可以分开，现在的画家往往不是书法家，画家就是画家，书法家就是书法家，书法家不会去画画。会篆刻的是金石家，他也不会去画画，这些身份都是可以分开的。我是把这几样艺术集中在一身，都懂得一些皮毛，金石、书法、绘画，我这样的人也不太多。尤其是刻壶，拿起来就要刻，不会刻破，也不会刻丑，也不容易啊。雕刻不是刻得细就好，而是要放大以后也非常完美才行。

2016 年于台湾草屯李毅摩家

田世信｜咱们中国人还是比较浮躁

　　田世信，雕塑家，1941年生于北京。中国美术家协会会员。历任贵州清镇中学教师、贵州艺术专科学校雕塑工作室主任、中央美术学院雕塑研究所研究员。擅长雕塑。1982年作品《侗女》选送法国首次春季沙龙邀请展。同年有20件作品参加《贵州学习民族民间工艺美术新作展》，并有12件为中国美术馆收藏。1983年赴东非四国访问。1985年《欢乐柱》和《谭嗣同》参加第六届全国美展，《欢乐柱》获银牌。1988年《欢乐柱》参加《当代中国优秀作品展》(赴日本)。1989《田世信、刘万琪雕塑展》在中国美术馆举办。1989年《屈原》参加第7届全国美展。1993年《山风》参加《海峡两岸雕塑展》(台湾)。先后有作品为中国美术馆、北京国际艺苑及台湾炎黄美术馆收藏。《欢乐柱》编入《中国新文艺大系》和《中国美术五十年》。

凌峰说

多年前，我在高雄山艺术的展览上，第一次见到田世信的雕塑作品，感觉跟台湾的味道完全不同。我很好奇，就问山艺术的林馆长，他告诉我，这是位来自大陆的艺术家。我觉得他的雕塑很不一般。后来到了北京以后，就去拜访他。

我第一次去他家是1998年，看到一件令我特别感动的雕塑作品"母与子"，正值我为柏杨老哥制作纪录片《人权——母亲不再哭泣》，我拍下这件作品作为影片片头，柏杨老哥特别欣赏，赞美它把母子一体的爱表达得特别震撼。

2016年我又去他家拍摄，他兴奋地拉着我观赏他的新作，满园子鲁迅、辜鸿铭等民国大文豪，目不暇接。尤其是他开创性的大漆作品，那恢宏雄伟的帝王将相，看似镀金，实则大漆，我才得知他在大漆工艺中已走向了继往开来。

前两年，我俩还同在泰国住了段日子，老友他乡相聚，分外喜乐，我没事就到他家转转。这老哥哪怕只是旅居，也要把家里腾出个工作间。我每次进门，他不是兴奋地向我展示在二手市场淘到的多么价廉物美的雕刻工具，就是看他又收到了什么上等的柚木材料，再就是拉我进他木屑飞扬的工作间先睹为快……他女儿田禾告诉我：爸爸就是工作狂，只要一天不创作，晚上就睡不着！

印象深刻的是，他用柚木雕刻的梁漱溟像，把大师的性格刻画得淋漓尽致、入木三分。我更欣赏他的自塑像，全方位的表现主义，充满了老哥生命的热情和倔强的张力，真是中国艺术的拿手杰作！

（田世信作品　母与子
1993年）

凌峰：您从什么时候开始从事雕塑艺术的？

田世信：雕塑艺术，很早了，那是我小学的时候，怎么说呢，小学的时候就比较喜欢，另外我家里边有个哥哥，还有些姐姐们，都是画画的。

我有个哥哥，可能你应该知道，他是画工笔花鸟，田世光。我大学的时候，有的选修油画、版画、雕塑、国画。因为我哥哥是搞国画，我就逆反了，人家一提到你是谁谁谁的弟弟吧，就很反感。另外像工笔什么也不适合我的性格，我很急躁的人，就是要干什么事，很着急。像他们搞工笔的，一点一点，那种层次，那种晕染的什么，我好像有点受不了，所以就选修雕塑了。

选修雕塑，但是我那个学校正好赶上"文革"前期。"文革"开始没多久，我们学校就垮了，而且还说我们学校是黑学校什么的。

（凌峰在北京采访田世信，1998 年）

凌峰：重灾区？

田世信：那么大一个学校，结果就被下马了，大学四年学了两年雕塑就垮了，垮了就并到美术学院学油画。但是因为有时候人最开始喜欢的那种东西，一直还是在缠着自己，所以虽然学了两年油画，也能画几笔，但始终还是对雕塑比较感兴趣。

凌峰：不能忘情？

田世信：然后到了贵州，我不是在贵州待了很长时间吗？跟我太太认识就是在贵州。那个贵州有很多木材，因为当时很穷，捡一些小破木头什么，可以抠一抠，这样慢慢地又恢复了对雕塑的尝试。

凌峰：贵州的面具吗？

田世信：贵州的傩戏面具，开始搞这种小雕塑。这东西它跟画不太一样，画是个平面的，雕塑给我更实实在在的感觉。尤其做木雕、石雕的时候，好像在一个东西里挖掘另一个东西，挖掘挖掘，慢慢就给它挖掘出来了，好像在似有若无的一个状态。你抠抠打打，把那些废土刨掉，好像是挖掘文物的感觉，所以搞起来兴趣很大。

我们这代人，受的是比较系统的西方的教育，素描、造型等等。但我们在附中的时候，也学过国画，所以中国传统对我们也有一定的影响。

我在搞雕塑的过程中，我觉得东方、本土的一些东西对我影响比较大。但由于自己很系统的学过西方的造型手段，因此我现在

（田世信作品《山风之一》1986 年）

认为，这种西方造型的东西对我是一种困扰，到现在也摆脱不了。我现在的作品，还是很写实的，虽然有些变形、归纳，但实际上还是很写实的。

凌峰：具象？

田世信：就是很真实的对自己的这种约束。实际上常年搞艺术，心里边有自己本原的一个形象。这个形象，有时候就是一个可望而不可即的东西，有时候找到一点，被这些真实的东西给冲走了，又找到一点又给冲走了，所以……

凌峰：所以还在寻找的状态？艺术家的寿命非常长，80 岁时还能搞创作，会不会像魔岛理论一样，有一天你积累积累，就像水手一样，睡一觉一眯眼，那个魔岛就浮现出来了，会不会？

田世信：也有这种可能。最近我被这个写实困扰得更厉害了。因为这个困扰，前两天我们所要搞一个展览，中央电视台来这拍我们所的创作，我就跟他们讲了，咱们中国人很灵，但是学东西比较浮躁。比如说写实，我现在看，留法的、留苏什么的人很多很多，从徐悲鸿时期，或者比徐悲鸿老一点儿的，去国外的，但是真正做到人家西洋那种写实雕塑的那种地道，可以说没有。我前一段去英国，看了一些雕塑，虽然称不上上品，但人家做的那种地道程度，咱们没有。

所以出去也不一定是好事，出去一冲，对这种写实的东西，好像就又出现了一股子热情似的，就想做个很地道的写实作品。但中国人又不愿意做西方那样的，还是民族自尊心还是太强了。

凌峰：欧洲好像对这个雕塑特别的看重？你看每一个街道、路口都有一些名家一流的雕塑。为什么欧洲社会对这个雕塑这么看重？

田世信：我感觉雕塑跟国富民强有直接关系的。首先你得有钱，富有了以后，才能够想到布置家园。比如你很贫穷，买几张年画，两毛五一张，既糊墙、又热闹，这是农民对审美的要求，因为他们没条件。到稍微有点儿钱了，可以买一张复制品画。而真正买一件雕塑，第一没地方放，像我家，很好的雕塑，就给我碰倒断了。我这次有几件雕塑很好，就是那件《山风》啊，我做得都比较精致，但是一展览碰倒了，很可惜。所以如果这个国家比较贫穷，我想它想不到这些。

凌峰：不过好像中国的，即便是所谓那些官宦之家也没有雕塑？

田世信：对，对。中国的美术史的一些篇章，是从民国以后，才把雕塑提到雅的这个高度来的。以前一直把它弄成民间艺人那种劳作的。比如山西，雕梁画栋，把这个屋檐雕一雕啊，只停留到这一步，没有把这个雕塑家的劳动成果，当作一个很高的智慧表现。

凌峰：泥塑呢？

田世信：泥塑也没有，都是放在庙宇、陵园里边。就是很富有的庄园，都没有这些东西。中国美术史上，以前根本就没有雕塑这个概念，都算民间艺人哪、匠人哪，的所作所为。

凌峰：换句话说，是不是我们的绘画、书法一直在非常重要的位置上，但是对于雕塑，我们没有把它摆在适当的民间艺术的层次上？

田世信：从现象上，应该是这样。您看达官贵人的收藏，那个雕塑都是雕虫小技，砚台上边儿雕个虎啊什么的，都属于雕虫小技的东西。

凌峰：像明末清初的时候，在宜兴，就出现工艺的茶壶啦、泥人啦？

田世信：对，没错，没错，就到民国的时候，泥人张吧。但是它也不过就是一种戏耍的东西，没有达到像西方那样，用雕塑、绘画作为体现人的思维、人的意识的一种形式。

凌峰：您刚刚说这个写实的风格挥之不去，相比较台湾的朱铭，是不是比较抽象？

田世信：朱铭工作室我也去参观过，因为都是同行。朱铭先生的作品，我感觉也还不是抽象，他也还是一种变形，或者是一种夸张。特别是他那种像木头的雕塑，还有后来一种不锈钢的，卷曲的，但那也离不开形象，还是做的一些人物的造型。

凌峰：像《太极》呢？

田世信：《太极》呢，也还是具象，属于写意雕塑。

凌峰：大写意？

田世信：对，就是像大泼墨一样的，介于似与不似之间。大概从艺术范畴来讲，他是属于重表现的这个范畴，如果很写实，就会重描写。实际上这个划分也不是很对，或者说是一种局部刻画，局部刻画也是一种表现。

凌峰：您觉得您和朱铭在风格上的这个差异性在哪里？

田世信：我的东西，如果说从艺术的划分来讲，还是有批判现实主义。

凌峰：例如？

田世信：比如说我这个作品《山音》，还有《盲艺人》，很多的，是对我周围的一些人的内心世界情绪的一种表达。

而朱铭先生，他大概是可能是，艺术走得比较高了。他就是搞一些纯艺术上的，比如说《太极》，就是表现人性当中，很玄妙的一种观念的东西。像我的东西，还是很具体的一种情绪的表现。

凌峰：你比较入世，他比较出世？

田世信：可能。

凌峰：可能也是因为你们从小受无神论的影响，像朱铭就是受本土神道文化的影响，所以你看他的关公、《太极》，都是属于道家的范畴。

田世信：可能吧，可能跟文化背景，整个周围气氛有很大的关系。

凌峰：你知道杨英风吗？

田世信：杨英风我见过，也去他家拜访过。我感觉老先生跟这个时代的脉搏，跟得还是很紧的。我感觉他是个很敏感的人，对社会的脉动，感受得很及时。我就不太管这些，我只管把自己真实的感受和情绪表现出来，我觉得就有时代性了。

1998 年采访于北京

蔡志忠 | 我不服命运，命运是可以被改变的

蔡志忠，男，1948 年出生于台湾彰化，著名漫画家。15 岁起便开始成为职业漫画家，1971 年底进入光启社任美术设计，并自学卡通绘制技术，1976 年成立龙卡通公司。蔡志忠先后拍摄了《老夫子》《乌龙院》等长篇动画电影，1983 年开始创作四格漫画，已有《庄子说》《老子说》《列子说》《大醉侠》《光头神探》等 100 多部作品在 30 多个国家和地区以多种语种版本出版，销量超过了 3000 万册。1981 年蔡志忠获得金马奖最佳卡通片奖。1985 年获选台湾十大杰出青年。1999 年获得荷兰克劳斯王子基金会颁奖，表彰他"通过漫画将中国传统哲学与文学作出了史无前例的再创造"。2011 年获"金漫奖"终身成就奖。2020 年 11 月 17 日，蔡志忠"落发"少林寺，法名"延一"。

凌峰说

我最早接触漫画是从看晚报，自立晚报、民族晚报、大华晚报等。因为晚报比较开放，有很多漫画这样有趣的内容，不像日报，日报都是大新闻，比较严谨。我印象深刻的有一幅漫画《牛伯伯打游击》，就把一个非常严肃的政治问题，画得非常好玩。

我做电视以后，访问了各行各业的很多人，也访问了很多漫画家，蔡志忠是其中之一。他是很可爱的一个人，平易近人。他画很多哲学的题材，他可以把孔子、老子的智慧用漫画表现出来。他讲的不是道理，而是一个个活灵活现的故事，趣味横生。

后来他的漫画出书了，还拍成电影。喜欢他的读者很多，他俘虏了好几代学生的心，初中生、高中生都爱他的漫画。也是因为他，有更多的人爱上了漫画。

凌峰：蔡先生，请您谈一下您跟漫画的渊源？

蔡志忠：我从小就非常喜欢画漫画，第一幅漫画就是用我爸爸一支红颜料的笔画在墙上，这第一幅漫画的代价是被打了一顿。

凌峰：后来进了学校上学以后，是不是在绘画方面的表现特别突出？

蔡志忠：从小学到初中，我一直是班上画画最好的。我从小不单喜欢看漫画，还喜欢画漫画，到小学六年级，我是班上画得最好的。初中时，刚好台湾流行漫画，那时候最流行的就是《姿三四郎》了。我做事情通常是做到止于至善，一定要画到像我看的漫画的画面一样，自己想画得很职业化还不够，还要把它寄到台北的出版社投稿。在初二那一年的暑假，我就画了七八页的一个故事，寄到台北的出版社。他们不知道我几岁，就写信来说，如果可以的话，请你来台北作漫画家。这段时间很高兴，一点都没有犹豫地选择去了。第二天就到了台北，台北那个老板吓了一大跳，觉着这么小，只有十五岁。

凌峰：那个时候家里的态度怎么样？

蔡志忠：我们是来自乡村的小孩，我爸爸妈妈对我的期望就是能够好好长大，并没有像今天的父母说的"望子成龙，望女成凤"。所以他们允许我扮演我想扮演的角色，让我们的自由空间比较大。所以有一年，我得到十大杰出青年奖，上台致辞，我就说，"今天会得到这个奖，完全要感谢我的爸爸，因为他没有让我读补习班，没有让我读音乐班，没有让我读电脑班，没有让我读数学班，所以我才有这个机会画漫画，才让我得到这个奖，是我的我爸爸让我有机会来选择我最喜欢的漫画。"虽然当时画漫画并不是什么高尚的职业，但是我觉得能够做自己最拿手的事情，并使之成为我一生最大的目标，是最好的。

凌峰：你离开家里的时候，大概是只有十四五岁，对不对？那你的父母亲能够放心你一个人跑到台北都市里生活吗？

蔡志忠：当时我们那乡下的背景比较不一样，那时候台湾经济不是很发达，乡下的工作机会不是太多，所以在乡村，一般读到小学毕业，没有继续读初中的话，就到台北来做工。通常是做水泥的小工，挑砖头啊，或者是搅拌碎水泥，所以十二岁离开乡村不是很特别的事。

凌峰：因为十五岁一个人到台北来念书，你有没有觉得，这段经历跟其他小孩比较起来收获更大？

蔡志忠：我有一个观点，书是要读的，因为书的投资回报率是最高的。比如说一本书，它可能是庄子，或是老子，或是孔子，耗尽一生研究，才写出这一本心得，你只要花很少的钱，花很少的时间，就可以得到这么多。所以说，书是投资回报率最高的事物，但是书不一定要在学校读。我自己是很喜欢读书，但是我并没有一定要在学校把它全部读完。

凌峰：那就是说，你是读初三那一年离开了家，到台北闯荡。你那会儿的老师有没有到你们家去拜访，请你留下来把书念完？

蔡志忠：我之所以初三都没有读下来，就来台北画漫画，最重要的原因是我一个老师，叫黄志远，他从初一就一直说，并不是每个人都要把书读完，才能决定他要做什么。也不是每个人都需要从初中、高中、大学，甚至于硕士、博士读完后才能决定自己要做什么人。不管他是多少岁，他一定要思考自己将来要走什么路，只要他决定了，不一定要把握十足才开始做，当下就要开始做。就像斯皮尔伯格，他十六岁的时候开始拍实验电影，所以当他二十八岁左右拍《大白鲨》，就已经拿到奥斯卡金像奖。

凌峰：你是怎么跟家里讲你来台北画漫画这个决定的？家里面的反应又是怎么样？

蔡志忠：我知道这件事当然非常高兴，因为我爸爸很凶，我只好先跟我妈妈说，她说："你还是要去跟你爸爸说。"所以我就去找爸爸，他当时在看报纸，我走到他后面，拿着信说："爸爸，我明天要去台北。"他说："去台北干吗？"我说："去画漫画。"他说："你找到了工作？"我就说："找到了。"他说："那就去吧。"第二天早上我就到台北了。从前在我们乡下，有很多小朋友都是读到小学毕业，就没有继续读书。于是就到台北打工，做小弟啊，甚至做童工。比起他们，我十四岁到台北是太晚的，当初看来并不是很奇怪的一件事。比较好的是，我爸爸并没有限制我一定要把书读完，我做画漫画的工作，他也很支持。

凌峰：你大概在台北工作到十八九岁就该入伍了，曾谈到你当兵时候的经验跟别人不一样，你能谈一谈吗？

蔡志忠：我十四岁开始画漫画，我是画漫画的人中年纪最小的，陆陆续续很多同事去当兵。我就一直认为军队里面，有一个画画的单位，我认为我画画比他们好。所以当兵的时候，我问训练中心的班长说："这是什么部门？"他说："是高炮部队。"我说："高炮部队是干什么的？"我心里在想，我这么好的人才，怎么可以去当兵，应该去画画。

刚好高炮部队到台北来训练一个月，每个礼拜四休息，所以我每个礼拜四就带着所有的作品到空军总部。空军总部不行，国防部不行，接下来就是高炮司令部，我进去报告说："你们有没有缺画的人才？我是很好的画画人才。"他说："我们没有啊，听说后勤处有。"我很高兴，跑到后勤处："听说你们需要画画的人才，那我是一个很好的人才。"那个处长看了我的画，他告诉我说："我们不需要画画的人才，我们需要的是用于盖房子工程图，要送去报审，这个你会吗？"我说："我不会啊。"他说："你画得很好，你在哪个单位？你结训以后，就到高炮司令部上班。"所有我等于是用自己的办法，把自己调到高炮司令部。

到司令部就比较舒服了，不用去出操了，我可以从事画画的工作。对我来说，就是人尽其才，等于是自己想办法去从事最适合自己的事业。

凌峰：你当了三年的兵，这三年时间里，都是在做跟你原来兴趣有关的工作。

蔡志忠：其实，我还没有当兵以前，就只会画没什么水平的漫画。但是我在当兵三年后脱胎换骨。三年来我都是在台北炮兵司令部上班，又很喜欢求知，又觉得自己以前读的书太少。所以在那三年，买了所有美术学校或是美术系的教科书跟教材。在那段时间，我看西洋美术史、中国美术史、设计、色彩学，等于在当兵的三年，把水彩、油画、美学全部都学了。而且我非常认真做笔记，夏朝到汉代，做到明初，然后是西洋美术史，从文艺复兴都能做到后印象派。较之从前脱胎换骨，变成另外一种层次。

凌峰：下部队以后呢？

蔡志忠：我没有下过部队，我是自己把自己调到司令部。

凌峰：所以命运都很如你的意。

蔡志忠：对，我从小就有一种个性，就是不服所谓的命运，我觉得命运是可以改变的。我觉得，我可以用我的办法找到适合我走的路。

第二辑

谢晋 | 艺术，就是奉献美好的人性

谢晋（1923 — 2008 年），浙江省绍兴市上虞区人，中国第三代导演代表之一。自 1954 年独立执导淮剧短片《蓝桥会》开始，他一生执导的长短影片有 20 多部。1957 年的《女篮五号》是他的成名作，《芙蓉镇》是他的代表作。1998 年获香港文学艺术家协会颁发的中华文学及艺术家金龙奖"当代电影大师"称号。2005 年，获第 25 届金鸡奖终身成就奖。2007 年，获第 10 届上海国际电影节华语电影杰出艺术成就奖。

凌峰说

谢晋是一位非常了不起的导演！他的专业水准、他的人格魅力，如果说要我选大陆三个让我印象最深刻、最赞佩的导演的话，谢晋是其中之一。

很多导演都要摆出一副架势来，他没有导演的架子。他是一个非常朴实的人，给我非常好的印象。

1992年，我当时的《八千里路云和月》做了一期叫《能者力》的关怀残疾人的片子，采访了中国残联的邓朴方，还采访一些有代表性的家庭，谢晋是其中之一。

之后，1997年我拍新《八千里路云和月》被邀请去法国巴黎拍摄酒庄，遇到了坎城影展，于是我们坐飞机去拍坎城影展，偶遇了谢晋。可以说这次采访的机缘，是一个意外的收获。

凌峰：导演从事这个工作多久了？

谢晋：我 48 年开始的。

凌峰：您经常看两岸的电影吗？

谢晋：看，我们资料馆的影片，还是蛮丰富的，全世界的影片都有，很早了，我们在"文革"的时候就看。

凌峰：您个人觉得这几十年来，您走过的中国电影，所谓"两岸三地"的电影风格有什么不一样的地方？

电影《红色娘子军》剧照

谢晋：我觉得台湾电影跟大陆电影比较接近，台湾的优秀电影，几乎跟大陆的一些电影手法啊，包括意识形态，包括一些意念，都比较接近。香港电影呢，我觉得跟大陆电影两回事，虽然都是中国电影。但是台湾电影，尤其是台湾老导演的电影，包括现在新的侯孝贤在内，观念上跟我们还是血缘上很近。

凌峰：听说您曾经在去台湾、香港的过程中，在机场遭受到一些很尴尬的待遇，可不可以谈谈这种不同的感受？

谢晋：我经常经过香港，有时候从国外回来到香港转机，香港有一些人，对讲普通话的就不大礼貌，我是常常跟我的翻译讲，你跟他讲英文，讲英文就好一点。那一次就刁难我们很长时间，最简单的叫英国人，都是叫先生，叫我们就直接叫名字，当然也无所谓。到台湾的时候，很多朋友，包括我的亲戚，都在机场迎接我，那个场面我到现在都很难忘。到底是不管怎么说，大家是骨肉相连。我们很多台湾老的电影工作者，都是从大陆去的。当时那个场面使我非常感动。

凌峰："两岸三地"这个电影未来的互动，越来越频繁。您觉得应该有什么样的合作形式，能够促使我们现在这个电影，能够找到另外一个春天的可能性？

（凌峰 1992 年在上海采访谢晋）

谢晋：现在两岸电影真正的合作，我认为是还没有开始。为什么这么说呢？好多导演来拍一些故宫里的戏啦、清朝的戏啦，当然在北京拍方便，在台北拍比较困难，但这还只是介绍中国古代。对于真正的两岸合作，我的想法是两种：一是题材方面，我们分了四十几年了，有很动人的题材，我的想法最好是一半在台湾拍，一半在大陆拍，真正用大陆好的演员和台湾好的演员，做精心制作的、海峡两岸都能接受的艺术片。

还有就是我觉得全世界少有像中国一样，有那么丰富的题材。从五千年的历史到一百多年前，我们受帝国主义的侵略，一直到四九年以后海峡两岸分开，包括我们大陆经受的很多挫折，走了很多的弯路，像刚才你看到的"文革"的。这么丰富的题材，我认为全世界很少有。各种各样的题材，就会有大的需要，要台湾、香港、大陆，我们联合起来才能搞。

大的题材比如像，我本来想拍赤壁大战，这要动员很多人。还有重大的历史事件，现在我们国家，也在拍重庆谈判这种题材。但是这种大的题材，当然现在观众面还不是很广。

我曾经建议过拍三个母亲，不知道你知道吗？我曾和香港的导演提出来，比如说有三个姐妹，一个在大陆，一个在台湾，一个在香港，三个地区的导演联合起来写母爱的一家人，刚好分到三个地方。类似的题材很多。可以和财团方面合作，做大题材制作，投入几千万美金的这种，也可以是小的，但是做精品。无论哪种都可以合作，电视剧也好，电影也好。现在我们这个交流啊，真正的说还没有开始，因为这个三通的问题还没有解决，解决以后将来有很多的投资。大陆现在也在开放，最近有一个讲话，不知道你看到没有，除了违反宪法、违反法律，其他的不要横加干涉，这个讲话在全国引起比较大的轰动。这样的话题材就更广阔了。

凌峰：就是电影方面，要更忠实的去反映客观事实，会有更多的题材和宽广的空间。最近我们这个八千，就在探索一个就是残疾人回归社会，两岸残疾人，都是弱势群体，尤其"台湾"，是大社会小政府，残障孩子也好，残疾人也好，基本上都是属于生活在社会的边缘。尤其对于家庭来讲，一旦有一两个残疾人或者一个残障的孩子来说，家庭的父母都背负着非常沉重的包袱。我们知道的，谢导演有两个孩子都是残障。

（2003 年谢晋率中国残疾人艺术团的演员在绍兴）

谢晋：两个是弱智，一个已经去世了，去年刚去世的。

凌峰：我们也看到这方面的材料，我们想听一听，就是谢导演作为这个弱智孩子的父亲，尤其是您对这个阿三、阿四这么多年的心血，可不可以谈谈您的心情？

谢晋：我是因为这个原因，担任残疾人联合会的副主席，邓朴方就希望我担任。残疾人分四部分组成的，盲人、聋人，还有肢残人，还有一种就是弱智，我的两个孩子就是弱智。到现在为止，科学上还不能解释。我那个大儿子，在美国留学的非常聪明，学导演的。他两个弟弟就不行，到了两三岁以后发现问题，也没办法，也查不出什么原因来。这个中国封建的讲法就是风水不好，遗传学上这个问题也没解决，所以非常艰苦。把这两个孩子带大，遭遇了各种各样的不幸，尤其我们跟着受苦。

现在你看我的那个片子，邓朴方跟我拍的叫《启明星》，由五个弱智的孩子主演的一个片子，傻孩子主演的，这个在国外学术界也不多的，在中国就没有过。本来他们想请那个正常的小孩来扮演傻孩子，我说绝对不行，正常的小孩只能演他自己。后来请傻孩子演，现在看效果非常好。弱智并不等于没有智慧，他只是弱。比方说十几岁的人，只有五岁、三岁这样的智慧，但是这些孩子非常单纯、非常善良。《巴黎圣母院》里面，有一个驼背就是弱智，他最简单的美丑他能够认识。

我这个人拍片子注意人道主义，这个观念特别强，我的电影差不多都是反映了非常强的人道主义，包括我最近拍的片子也是。不管《芙蓉镇》《天云山传奇》，包括最近的《清凉寺钟声》，写一个日本孤儿的，都是人道主义比较强，这大概跟我的家庭、我的传统都有关系。因为我对这两个弱智的孩子，我觉得内疚，尤其我们跟着他们的遭遇。我经历过很多的批斗大会，我都从来不掉眼泪的，当孩子受到其他小孩的侮辱欺负，我有时候就控制不住。我的片子里头，这方面人道主义的感情，特别特别的强。电影容易感动人，跟这个也有关系。

（凌峰 1997 年在巴黎采访谢晋）

凌峰：有人说，生活就是一片沼泽，不知道明天是什么。台湾有些人说，生活就是赚钱，赚更多的钱。每个人对生活的解释都不一样，我希望导演用一句话，形容生活是什么？

谢晋：生活，我小时候不大懂，慢慢成熟以后，生活就是对自己的家乡、对自己的人民、对自己的国家、对全世界全人类有所贡献，能够推动人类的进步和平。包括我拍了很多片子，都是这样，追求一种人类不断的进步。

凌峰：什么是艺术？

谢晋：艺术，就是奉献美好的人性。世界上有两种，一种是审美的，一种是审丑的。我的影片，都是表现美好的东西，给人以希望。所以人家说，谢导你为什么总是塑造各种不同的、美好的人性？令观众一直很难忘。我说，我的电影看完以后，没有人说这部片子音乐很好，这部片子摄影很好，这部片子画面很好，说是谢导创作的这几个人，使我终生难忘。这就是我一直想追求的，但是很难。

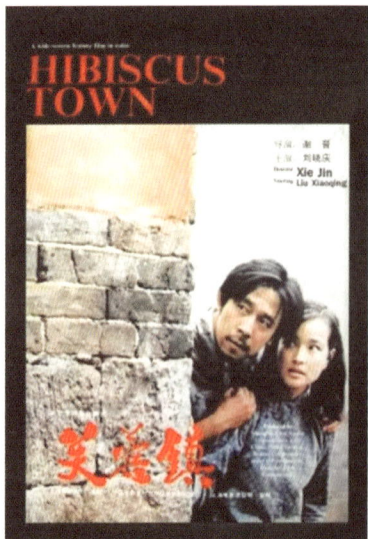

《芙蓉镇》海报

本文摘录于凌峰 1992 年和 1997 年两次采访谢晋

新凤霞 | 我要嫁一个有骨气的男子汉

新凤霞（1927—1998年），原名杨淑敏，小名杨小凤，中国评剧表演艺术家，评剧新派创始人，被誉为评剧皇后。历任北京凤鸣评剧团团长，首都实验评剧团团长，中国人民解放军总政治部评剧团团长，中国评剧团和中国评剧院演员，中国戏剧家协会会员，中国作家协会会员，北京市文联理事，北京市青联常委。第六至八届全国政协委员。

凌峰说

他们的故事太感人啦！一个是伟大的剧作家，一个是伟大的演员。我最佩服新凤霞的爱情故事，他们这一对夫妻在患难中是如何坚定，我特别佩服他们。

新凤霞在说他们的故事的时候娓娓道来，太有风度了，正宗的京腔。我觉得我真的运气很好，上天在帮助我，能够有这个机会，在他们还很健康的时候，给他们做了这段纪录。太感动了。

你必须要看了，要听了，才知道新凤霞的美。她那个时候已经是生病了，腿受伤了。依然有着她的优雅之美！她的老公受过深重的苦难，还是气派犹存，那才是真正的大文人呢！

我五六岁时候，隔壁刘妈妈就经常唱一首《小小洞房》，"小小洞房灯明亮，手扶栏杆细端详……"那首歌太美了。我后来才知道是吴祖光做的歌词。我觉得那完全就是歌唱他们近乎伟大的爱情。

他们是中国的罗密欧与朱丽叶，他们的爱情是可以在历史中传唱的。

凌峰：您和吴祖光先生结婚 30 多年来，回顾一下你们最闪亮的过去，让我们也感动一下吧。

新凤霞：五七年，就是我不跟他离婚，后来就把他送到北大荒去了。三年自然灾害，你们不懂什么是三年自然灾害，没有饭吃啊。那时候就台湾大姑给我婆婆寄东西，寄钱，拿着钱就可以买东西。

凌峰：当时他在北大荒的时候，好像受到很大的压力，希望你能够改嫁，希望你能离开他。想听听那段故事。

新凤霞：那段故事我不能说太长了，一说这些就激动，咱们就虚着说。祖光这个人哪，他是我的丈夫，又是我的老师，为人正直、爱国、很难得。我完全可以跟他离婚，我年轻，完全可以找个很好的，有钱的，有势的。但是我觉得人这个动物，在一起生活三十几年，有感情了，还有孩子，我撂下这个家伙再去唱戏，谁能睬我，这还是人吗？

所以我再怎么苦，也坚持下来。困难是有，我最追求的就是做一个人。从小我姐姐是著名的刀马花旦，最好讲人，台上做戏讲戏德，台下做人讲人格，我一辈子就追求这个。因此当你丈夫有困难，你都不能帮助他，谁还能帮你。所以我一方面把老人照顾好，困难时期每月省下钱来给祖光寄去，寄东西去北大荒。

凌峰：冰天雪地啊。

新凤霞：冰天雪地没有饭吃，我们北京都还没有饭吃，你想北大荒，但是我一心要每月省下钱给他寄一个包。寄吃的很难买呀，买点肉松，买点咸菜都很困难，从我嘴里省下来了，我要给他吃，我的孩子也要养好，养活三个孩子，一岁、三岁、七岁。

凌峰：我想你的文艺创作素材，受我们吴老师的影响很大。

新凤霞：我没有念过书，我是六岁就跟姐姐学戏。因为我爱人对我帮助很大，刚才我讲了他是我的老师，也是我的丈夫，也是我的领导。他领导我走的是正路，领导我长了知识，给了我很多很多。

我不认识字，我连写我自己名字都不会，后来跟他结婚以后，慢慢能看很简单的书，我以前只能看小人书，人都笑话我。又看了我们中国的古典文学，像《红楼梦》《水浒》，还看一些外国书，看苏联的书，《卓娅和舒拉的故事》《安娜·卡列尼娜》。

我跟我丈夫结婚以后受了很多灾难。我从来不说错一句话，不办错一件事，自己保护自己的羽毛。我就自己想，我受多大的苦也可以，再累我也可以做到，但是我不做一件叫人脸红的事情。因为我是人，要追求成为一个人，追求骨气。

比如说祖光，我为什么坚持跟他在一起？因为我选中祖光，跟他结婚，也是很不容易。我当时结婚有条件，他是我的老师，要提高我的艺术水平，提高我的文学知识，另外他又是我的丈夫，是个男子汉，能保护我。他还是一个有骨气的、自信的、爱国的、有良心的、有知识的人。那时候我才二十来岁，但是我懂得，我选丈夫不能马马虎虎，不能图漂亮的，不图金钱，我要一个有骨气的男子汉。

跟祖光能坚持下来，因为丈夫是我自己选的，是我愿意嫁给他的。我们的领导给我介绍，我都没有嫁，我都不愿意。这一辈子我觉得是很不容易，我就不轻易选，我选了吴祖光，到今天已经快四十年了，还差一年就四十年了，我觉得我没有选错。

凌峰：还不改。

新凤霞：不改。现在也不改，我绝不认输。我们剧院里斗我的时候，都说我嫁错了。确实那时候我很年轻，我在北京是观众喜欢的演员，也有很多人为我着想，但是我都没有动摇过。有一个人在后台连看了十几场戏，就在上场外门那站着，我没有看过他一眼。可是那时候我家里连饭都吃不上，这样我也没有走，所以我这人很任性。

凌峰：我想你们能够成为一对真正恩爱的夫妇，就是因为你太任性，太倔强。

新凤霞：我太愚蠢，可能因为是贫民窟长大的，当过童工，捡过煤核，煤核你知道吧？

凌峰：知道。

新凤霞：南方人不太懂吧，就是那个没烧透的煤。我从小去做童工，在纱场里，那时候在日本军工厂，在那里做到 11 岁，那里挣钱多一点，出门的时候还得搜身。还去捡菜，把那个豆芽菜、豆根豆苗，带着小篮子剪下来，然后不要的那些放在篮子里带回家。

凌峰：我想你还没讲完，后来是为什么，你怎么会嫁给他？

新凤霞：我说："我跟你结婚，你愿意不愿意？"他说他完全没想到。他待了一会儿说："我在考虑。"祖光黏黏糊糊的，我挺生气。我说："你知道我新凤霞是谁吗？今天北京多少人追求我呀！"我心里想，你还考虑考虑啊！我很生气，我说："那好吧，你考虑。"

当时我住的院子在北京虎坊桥，院子里都是花儿，蚊子特别多。我们边说话呢，我脸上被咬得都是包，他就特别同情。他说："你这儿的蚊子太多了。"我心里有点不高兴，因为这句话说得太干了。后来我就上剧场去。晚上回来，一看我的窗子，我是临街的房子，窗子亮着灯。每天回家都是黑灯，那天房子亮灯了，我就跟我二姨说："怎么我的房子亮着灯？"二姨说"你看。"我一看我的床当中，房顶上挂着一个漂亮的蚊帐，这蚊帐我一直留到今天。我说："谁给我挂这么好的蚊帐啊？"我二姨说："就是你的教书先生。你走了之后，他就回来了，自己带着螺丝钉，带着帐子，装完了。他说希望凤霞今天晚上睡得好，不要再被蚊子咬了。"

（1988 年在北京新凤霞家采访）

吴天明 | 得想一个办法，把中国电影这个困兽从笼子里解放出来

　　吴天明（1939 — 2014 年）生于陕西三原，中国著名导演。1984 年执导影片《人生》获巨大轰动，好评如潮，获得了第八届电影百花奖最佳故事片奖，1988 年导演了电影《老井》，获得第二届东京国际电影节最佳影片。第八届金鸡奖最佳故事片奖、最佳导演奖，第七届夏威夷国际电影节评审团特别奖。1994 年吴天明执导《变脸》，获得 1995 年华表奖最佳对外合拍片奖，东京国际电影节最佳导演奖。2013 年 9 月凭借电影《百鸟朝凤》在第 22 届金鸡百花电影节获得了评委会特别奖。

凌峰说

我和吴天明是在东京影展的时候，第一次见面认识的，因为他的电影《老井》获奖了，我请客庆功。那个时候就觉得是一家人，本来是吴天明和张艺谋获奖，可是我和焦雄屏却比自己得奖还高兴。得奖前一晚我记得已经请过他们吃过一顿日料大餐了，我生性豪爽，手头也宽裕。得奖那天晚上，吴天明就跟焦雄屏说，是不是叫那个光头资本家再请我们一顿，我就又请了他们一顿。吴天明非常直率，而且重情重义，我们算是相见恨晚。后来我想拍王洛宾的电影，直接飞到西安找吴天明，就是由我出资，吴天明来做制片，还付了一笔定金请他找人弄剧本，但没想到后来他流亡去了美国，我们这个片子就没有拍成。这也成了我这一生的遗憾。

凌峰：您来比较一下海峡两岸，这七年来有关电影发展状况？

吴天明：现在看台湾电影发展很快。侯孝贤一批新导演，拍了一批非常好的电影。大陆这几年，几个青年导演，像张艺谋、陈凯歌、吴子牛、田壮壮等等，他们也拍了一批跟台湾相应的一批作品，都是非常优秀的。目前我感觉到，台湾电影在技术上和在电影语言的使用上要比大陆跨前一步，但台湾电影在内容的开掘上和题材的深度和广度上，跟大陆相比，好像大陆电影更好一些。这个可能跟大陆地域很大，另外这么多年，折腾了人们的人生的体验，对于社会的看法比较丰富，所以在作品的反应比较厚实。

如果说海峡两岸大家能够拧成一股劲，取长补短，发挥各自的优势，那么我想中国电影就会出现一个新的面貌。我现在就期待着这一天，就是想我们能够联合起来一块来拍一些更好的中国电影，香港受到商业制约很大，跟大陆和台湾相比，在电影艺术形态内容的开掘上，有一个先天不足的社会环境。大陆和台湾，都有一个能够使中国电影更提升一步的条件。

明年4月份在香港要开一个大陆、台湾、香港中青年导演和一些剧作家影评人的座谈会。在这个座谈会上，大家会不会提及这些事情，希望海峡两岸的政府都能够更加开放一些，两岸艺术家们能够早日捏在一起，齐心协力，把中国电影再提高。

（1987年东京影展　左起：凌峰、吴子牛、吴天明，记者张光斗）

凌峰：结合香港商业电影特性还有咱们这个台湾的艺术性，再加上这个大陆题材的广度啊，还有这个中国导演就第五代导演的一些特性，再加上你这个第四代，我相信提升中国电影，应该很有希望。您说呢？

吴天明：是的，中国电影处于一种上升阶段，如何保持这个势头，需要大家共同努力。中国人跟西方人相比，我们的智商，并不差，甚至我觉得我们艺术家的聪明程度完全有可能拍出世界一流电影。大家能够早日消除这种政治上的隔阂，能够为艺术，大家走到一起来齐心合力，少则五六年，多则八九年，我想中国电影就能够在世界上站很重要的位置。

凌峰：我经常听这个大陆介绍哪个导演是第几代，这个第五代，第四代和第三代如何分类？

吴天明：第一代、第二代，很难划分，谢晋是第三代，我、黄健中就叫作第四代，张艺谋、陈凯歌、田壮壮，他们这一帮叫第五代。

凌峰：像我是第六代。

吴天明：从年龄大小来区分，显然是不科学的，而从艺术风格来区分也不完全准确。第五代本身有它的本质区别，张艺谋、陈凯歌就区别很大，田壮壮和陈凯歌也很不一样。但这一代人，有他们的生活体验，经过他们的文革苦难以后，他们看到的社会，看到的人生都是苦难的。这一代人，有一种愤世嫉俗的心理状态，批判地多一点。所以他们的生活都采取一种冷眼旁观。他们的作品大概也是挖掘的是这类主题。

凌峰：第四代和他们有什么不同？

吴天明：也就是在从四九年，就是国民党到台湾去以后，大陆在五十年代初，有过一段安定时期，当时大家的心情都比较舒畅。经过一段和平，从五七年，反右派斗争开始就一直折腾，到文革折腾了那么久，二十多年，一代人了，有美好的回忆阶段，也有经历的苦难阶段。在电影语言的把握上，第四代传统的影响更多一些，比第五代更深刻，一些手法的使用上，是传统手法和现代手法的结合。

凌峰：最近在台湾看了一些报纸上您的消息，我们非常关心。听说您要请辞西影厂厂长，专心创作。这个消息是真的吗？

吴天明：是，我几个月前就提交了不再连任西影厂厂长的报告，现在上面不同意。最近一直在给我做工作，找我谈话，让我继续来担任厂长。对我来讲是一个非常痛苦的事情，我是个导演，做不了官，也管不好这个企业，所以我还是去当导演，比较单纯一些。

凌峰：您的这些话前半段我能理解，后半段说您管不好这个厂，做不好官，我觉得似乎太虚伪了点。

吴天明：确实是企业管理不行。这几年西影厂因为有一批青年导演起来了，拍了一些在国内外都获得好评的影片，使得西影厂的声誉提高了很多。我这几年的唯一的价值就是支持年轻导演去拍片子。厂里的企业管理现在仍然很混乱，一方面由于我不懂企业管理，另一方面确实捣乱的人太多，上下左右都有捣乱的，搞得我很狼狈，我们浑身都是疮疤。我们今年去年在国内外拿了四十多项奖，一共加起来这四年，将近70项奖。我现在可以画一个句号光荣的退休。

这个企业管理，和要改革的问题，不是一天两天能够解决的了。现在改革，遇到了各种障碍问题，一时半刻，恐怕还很难办。全国都这样，西影厂希望我能够继续干，目前我恐怕辞不了。我就想下去拍戏，能够开掘这个题材的范围，而在深度和广度上和属性上能够再前进一步。我们想跟着全国改革的步伐，一步步来吧，这个也急不得。你太急了，要栽跟头；你太慢了，要挨鞭子。

凌峰：我想这个光荣的退休，后面就是痛苦的解放。

吴天明：我想的不是光荣，也许不太光荣，人家有人可能对我有意见，记得你不怎么光荣的一面，不懂管理，不懂也无所谓了这些。

凌峰：中国电影这么多年来，在海外的一些成就，大家都有目共睹，我和许多朋友在聊天时都说这个陕西省不会连宝贝也分辨不出来。如果能放你离开西影厂，基本上，就不是一个明智的抉择，但现在听说你要离开大家一喜一忧，喜的是也许你离开厂长职位，把一些行政的琐事放掉之后就可以专心创作，观众也许以后还可以有机会看到像《老井》《人生》《没有航标的河流》，可以看到继续高水平的创作，这是观众期待您赶快离开厂长的一种心愿，但是忧虑的就是有谁再会有像您这样的爱心，为中国的电影长期做出努力，做一些扎根育苗的工作。我看第五代完了以后，第六代可能会比较难产了。我想了解一下最近有一个叫天翼的基金会，从报上得到的消息，您可不可以在这里，借这个媒体给我们的一点概念？

吴天明：目前中国电影的改革和全国的这种经济改革一样，遇到了很大的困难，现行的电影体制，无法推动中国电影的提高。必须得想一个办法，把中国电影这个困兽从笼子里解放出来，使得它能够奔跑。

电影界这么多能人，可是在国际电影的商业市场上，能够占到多少位置？这是我们的目标，可是目前还做不到。包括台湾和香港的电影，就只有李小龙的功夫片，除此以外，很少有我们中国人拍的电影，能够在西方跟他们的电影平起平坐。我也只能够占一席之地。怎么办呢？这里有一个奋斗过程，在一些国际电影节上，沙龙里头试试我们的身手，能够去拿一些奖，获得更多的荣誉，然后逐渐在商业市场挤开一条缝隙。艺术电影，往往很多都是赔钱的。现在台湾、香港，不用说，没有人愿意为这些赔钱的艺术电影投资。像社会主义的这个大锅饭啊，现在也吃不下去了。哪个制片厂现在都不愿意投产艺术电影，可是这怎么办？中国电影在世界刚刚打开一个局面，这个上升的势头怎么保持？这是让人担忧的问题。

如果天翼基金会能够支持千八百万元，那么我们就可以干点事情，因为它不以营利为目的，就可以支持几个台湾、大陆、香港的导演去干点事情，为电影而战！大家干起来！不然的话，这些电影大概就要完了，光靠这些，在西方市场上，我们是站不住脚的。

（吴天明电影《百鸟朝凤》海报）

1988 年采访于西安

林怀民 ┃ 艺术的秘诀是自由

林怀民，享誉国际的编舞家。1947 年出生于台湾嘉义。14 岁开始发表小说，22 岁出版《蝉》，是 60、70 年代台北文坛瞩目的作家。大学就读政治大学新闻系，留美期间，一面攻读学位，一面研习现代舞。1972 年，自美国爱荷华大学英文系小说创作班毕业，获艺术硕士学位。1973 年，林怀民创办"云门舞集"，带动了台湾现代表演艺术的发展。云门在台湾演遍城乡，屡屡造成轰动，并经常出国演出，获得佳评无数。2019 年 7 月 27 日晚，台湾现代舞蹈表演团体——云门舞集在台北两厅院艺文广场公益演出"林怀民舞作精选"。这是台湾著名舞蹈创作家、云门舞集的创办者林怀民的告别之作。

凌峰说

我人生做了很多遗憾的事，一个最遗憾的事情就是，当年人家推荐林怀民的舞团上我的电视节目《郁金香》，我因为看不懂，冷淡了他。后来当我看懂了他的美学以后，只要一想到云门，一想到林怀民，一想到台湾的现代舞，我就很羞愧。我觉得在这个问题上，我没有给他们浇那盆水，种那棵树，养那盆花。后来当我带着惭愧渐渐感悟了以后，只要我有电视节目，就首先想到云门。

我还欣赏云门一位很棒的舞者罗曼菲，可惜她很早就走了。记得那年她还在文化大学读书，我们在阳明山一块非常荒芜的坟地采访她。我不懂得提问题，因为如果用学术来衡量的话，我是不及格的，我根本连"美学"两个字都不懂，完全没有解读美学的能力。但是做了这个采访后，我很有收获，我懂得忏悔了。

林怀民有一种傲骨，他的傲骨不是因为他父亲的位高权重，而是因为他在整个云门最艰苦的奋斗中，他是凭自己的力量，不是靠他爸爸的权威，亦步亦趋，把台湾的现代舞在这么艰苦的环境里面培养出来。他带领一群这么棒的舞者，大家都甘愿拿最少的薪水，甚至没有薪水发也不一定，却创造了一个台湾最具表现主义的现代舞的奇迹。

后来我拍《八千里路云和月》，做了一些他的纪录。但是我心里的纪录，是讲不出口的。有一回他带着云门到青岛演出，我请朋友方成从烟台开了几个小时的车子，带了几箱现摘的苹果慰问他和他的舞团，带着谦卑的心，我们见面都很愉快。

林怀民代表着台湾民间的力量，他经历的苦和那个难，只有他自己心里明白，但是因为他是个舞蹈家，他就从苦中种出这个乐，这个快乐，这个尊严，所以，在我心里面是我非常佩服的。我认为如果台湾要选一些最伟大的播种者，他当之无愧。

凌峰：您得了个麦格赛赛奖，我们一直没有恭喜您，好像国际一直把这个奖当成一个非常荣耀的事情，您可以谈谈得奖的感想吗？

林怀民：我很荣幸得到麦格赛赛奖，我觉得非常侥幸。因为这个奖从1958年到今天几十年了，第一次把它颁给一个编舞的人。以前颁给黑泽明，颁给印度的大音乐家，但是舞蹈是第一次，所以我觉得非常惊喜。我得奖以后觉得自己非常的渺小，因为这个奖，不是给艺术，而是给很多的公共服务、社区服务的人。

当我去领奖的时候，我看到像孟加拉国的一个得主是位女士，她用她一生的力量来提升那个国家妇女的地位。因为妇女在那边是没有地位的，她教育她们使她们有谋生的能力，来建立信心。可以想到在那样的环境、那样的社会里面，她所面临的挑战跟苦难。今天她得了癌症，仍然相信明天会更好。

在像这一类的人前面我觉得个人十分渺小。

而且有了这个奖也是个压力。这个奖大家都有一个期待，希望我做得更好。但是面对艺术的未知，那无限的可能和自己能力的有限，我真的觉得非常害怕。我希望我能够对得起这个奖，以及大家对我的鼓励。

（1999年凌峰采访林怀民）

凌峰：西方人觉得中国文化最具有代表性的是台湾的云门，当然这个也许是一家之言，但是有很多的人同意这种说法，您同意吗？西方人是怎么看待云门的？

林怀民：我不在乎。因为就舞蹈来讲，只要有观众我们就演，有邀约我们就演。像在2000年，我们大概有14个海外的邀约，目前还在增加中。至于怎么评断，或许有人在谈历史，对我来讲，我是做创作的。

我想云门目前的舞种非常的当代，但是它跟西方的当代是非常的不一样，这个情感的表达是不一样的。有的技术上，也是不一样的。我们也不会把京剧或者太极全盘的搬上舞台，但是经过这些训练的舞者，譬如说他下盘很牢，他安静得站着不动，他在那里就有很大的力量，这是一个很简单的事情。西方人来看，他觉得非常惊讶。

我想，某些传统的美学，还是会多少影响我的一些创作。譬如，我最近做的一些舞，变得非常的慢，像"流浪者之歌"这样的舞，它非常的缓慢，是一个河流式的。那么归到底，我想它是一个中国的卷轴的美学。西方我们看画，它的画就框在那里，一目了然的看，您可以仔仔细细地看。在古时候，我想我们不是把每一张画都吊起来的，有的时候在桌子上看，一面翻看，就看到了其中的一部分，看到其中的细节，然后又翻开一点点。这个看画的动作，有一种人的参加，它是慢慢地铺陈出来的，这也影响了我。

我不是说要模仿卷轴这个东西，可是到最后有这样的一种感觉，到最后对于西方人来讲，都是不同的表现手法。所以当云门在国外演出的时候，他们基本上也不讲东方、西方，他讲个人特色。

我觉得一个生长在台湾创作的人很幸运的，是我们在故宫博物院看历代的传统的这些东西，您可以到高山，可以和原住民一起参加祭奠。甚至于在台北，有毕加索的展出，印象派的展出，同时台北现在变成一个非常国际化的都市，在国际化的过程里面，我们没有丧失掉我们的传统。我想这是使云门这个舞团，和其他舞团不一样的地方。

（林怀民的经典作《水月》）

凌峰：香港中文大学的校长说，不以西方的葫芦画自己的瓢。在所谓继承传统并借鉴西方文化的融合上，您走出自己的风格，带有中国艺术蜕变的，在云门身上找到一些可能性。还有一个，就是台湾的主流舞蹈"云门"，竟然是私人的一个舞蹈团，这在很多大陆人看来，是很有意思的事情。您可以就这个事谈谈您的感想吗？

林怀民：我想每一个社会，都有自己不同的环境。以欧美来讲，他也不一样。欧洲从文艺复兴以来，它不断地有宫廷来介入经营，特别是在德国这些地方特别地严重。我们所熟悉的贝多芬、莫扎特这些人都是在宫廷里，所以他们有很多的歌剧院。一直到今天，德国一个国家里面有 100 多个歌剧院，全部是政府来供养的。

那么在美国，到今天为止，一样没有国家舞团啊。它只有一个，国家交响乐团，在华盛顿也只是名字叫作国家交响乐团，而不是直属于政府的，它等于是一个民间的事情，政府当然补助，可是主要靠民间赞助。美国政府不养您，也不碰您，它没有义务一直养您，所以它有一个很活泼的竞争，所以这各有好处。

德国有 100 多个歌剧院，每一个歌剧院里面，都有交响乐团，同时有个芭蕾舞团。可是德国到最后在国际上，能够表现得非常出色的舞团，也不过两三个。而美国都不管，但是它是一路这样刺激上来的，一流的舞团有一大把。所以我想，文化的表现是非常敏捷的。一定要让政府把文化带到某个地方去，到最后第一个是它会非常的辛苦，第二是它不会流传。

所以对我们来讲，我们接受这件事情。就是说我们不等着别人来养，也不想听什么人，牵着我们鼻子走。但是这个奋斗是必然的一部分。

凌峰：一旦您走过来的话……

林怀民：我想一路都是挣扎，一路都是挑战。像我跟您说的，云门明年有十多次的演出，可是这是个很大的挑战，他不是顺风这样子过去的。因为这些国外的演出，在国内时间少，那么募款的机会就少，可能我们经济就会产生问题，我们要不断地求取社会资源。很多人觉得，云门仅仅活到第二十五年，也有一些企业来协助，云门应该是高枕无忧。其实从来不是这个样子，以云门的基金来讲，今年有 2700 万台币，但是今年我们算得出来的营运赤字是 3000 多万。所以那个基金，把基金放入今年的营运赤字就兜不来的。这种状况在像美国这个社会里面，全部都是正常。而我们必须每年不断地募款。

同时 25 年前来创业的时候，成本很低，可是今天的社会成本变得很高了。以云门来讲，一个月的营运开销大概 350 万台币，就坐在家里操练一下不做什么，大概就需要这样的开销。同时大家拿到的钱也是不多的，人的成本是压低的，但是我想只要有工作，只要有机会进来，就会有一些钱可以周转，我们仍然看得到愿景。

因为我想表演艺术舞蹈不是我们赚钱的工具。它不是一个职业，甚至于不是一个专业，它就是一个生命。舞者来云门工作，他不是为了赚这个钱。因为他可以教课，他甚至于可以改行，可以做股票。但是他仍然在跳舞，我想这个事情是非常可贵的。当然基本的生活要照顾到，可是在里面发财，大家都知道是没有希望的。之所以做这个事情，是真正的爱这个事情。

凌峰：理想主义。

林怀民：我不晓得我们是不是理想主义，但我们有这样的标签。我们愿意做这样的事情，做得蛮开心的。特别在台湾，因为我们到处去演出，您可以感觉到，在所有演出的场合，特别是在我们的户外公园。云门有大的户外公园，在人最少的时候，大概是三万人观看。那是在下雨天，三万人穿着雨衣来看，人最多的时候，可能到六万、八万到十万，大家都坐在那边，非常安静，非常的开心，走了以后，一张纸屑都留不下。那我觉得这样的一个鼓励跟肯定，对云门是个恩宠，这是几百万都买不过来的。这个就让我们有活力继续走，继续创造新的作品，继续演出，继续得到一个力量，去敲门跟企业家说，您可不可以帮我一点忙。

我想很多人都花了很多时间来奋斗，并不一定每个人，都可以很幸运地看到结果。我觉得我个人和云门，虽然走了很漫长的一个艰苦的路，可是我们看到播的种子，看到它的收获，看到我们带给社会乃至世界各国观众的快乐。我想这个是很重要的因素。

凌峰：现在好像企业界，明显对云门的关注比以前要多了。

林怀民：我想企业界从 90 年代以来，不只是对云门，对于全面的事业跟公益事业有新的认识。一方面是时代到了这里，另外一方面是企业界的朋友也比较年轻，五六十岁上下，他们对于文化的在社会里面重要性的认知，远比上一代来得强烈。所以他们不只是赞助云门，也赞助很多的博物馆的展出，赞助很多的公益活动。我想这样的一个情形，是一个资本主义社会里面必然要发生的一个现象。以美国的例子来讲，林肯中心、纽约大都会博物馆和现代美术馆，这三个很大的纽约的重要机构后面是一个家族。还有很多的家族在不同的行业上面，他们会认为这是一个使命，让社会变得更好。而且大家都意识到，文化才是社会最大的资产，而不是那些数字。

意大利文艺复兴时代的佛洛伦斯的领主，美蒂奇家族几代人不断地在经营艺术的培植跟收藏，大家非常熟悉的米开朗琪罗，很小的时候就是跟王公贵族的孩子一起长大的，米开朗琪罗去做了壁画。今天，当所有的欧洲很多的帝王将相在历史里面都成为过去的时候，美蒂奇家族这个名字留下来变成一个永恒的象征，就是艺术的赞助感，他的留名是因为文化，而不是因为他的工业。

凌峰：包括法国的启蒙运动、英国的大革命，都是因为佛罗伦萨这个美蒂奇家族所带动的文艺复兴，带来了文化的创造性。您谈谈第一次下乡到现在是多久了？

林怀民：云门大概在八十年代开始，非常积极的到社区、到学校、到偏远的地方去演出。

凌峰：我记得好像叫文化下乡？

林怀民：都是这样讲。可是我觉得，我不喜欢"下乡"这个字眼，因为好像台北在上，其他地方就是下。而且台湾有没有乡这个事情，因为台湾到今天的经济分配相当的均匀，每个人家里，都有洗衣机乃至汽车，而且知识水平也相当的高，只不过他选择住在台北以外的地方。所以我觉得，不大喜欢"下乡"这个字眼。

（云门在池上稻浪起舞）

但是我们的的确确在八十年代走遍了很多的地方，我们在高中礼堂就演出。到了九十年代以来，我们出国次数越来越多，虽然有点辛苦，所以我们最近成立了云门舞集II。云门舞集II的编制人比较少，它的活泼性比较大，将来它会代表云门舞集，到许多社区在中小学的礼堂、民众服务处或社区活动中心的小的舞台上面，和许多社区的居民和学生见面。我想也多多少少弥补我心里的，不能够到这些地方去演出的一个遗憾。

凌峰：会不会对孩子成长的这个审美、艺术的品位啊，带来一些比较深远的影响？

林怀民：我们非常希望。刚刚讲到文化的重要性，我想审美是一个非常重要的东西，可以培养我们的创造力、思考能力。所以我希望，云门能够给孩子们开个眼界，让他们开始在生命的里面，除了商业文化带给他们的讯息之外，有另外一个思考的层面可以去接触。您帮我把门打开，就像这样的就到了您家门口，告诉您舞蹈是这样的事情。我想到最后，最重要的影响是价值观。

在所有的先进国家里，都遇到了这个问题，到最后有了物质以后，精神上仍然不快乐。譬如说北欧、挪威，从生下来到死亡，政府把您照顾得非常好，但是他的自杀率是非常高的。所以我们知道物质没有办法来取代一切精神。

我认识一个工厂的工人，他国中毕业，住在一个十坪的房子里，但是他总是在换音响设备，他喜欢音响，喜欢贝多芬。他说我地理上的房间只有十坪，可是我想象的是无限的。所以价值取向会影响到整个事业、前途的奋斗。在台北的经济奋斗，到了每月一万多块美金的状况，可是不一定会快乐，因为过多的来追逐这样的一个东西，到最后大家变得紧张、变得不快乐，甚至于无法跟家人在一起。

所以现在有很多人，特别是年轻人，他们在反这样的一个东西，他们希望走到另外一个可以生存、精神上觉得丰富的那样的一个境界上。

我们希望云门舞集到各个乡镇、各个地方去的时候，能够给孩子们多一个选择的机会，一个美感的教育，会带动他价值取向的改变。说不定能够把台湾的整个文化和发展，带到另外一个地方去。

凌峰：最后时间的关系，我们想知道就是您的观察，两岸的舞蹈界在发展的过程中，历史背景不一样、价值取向不一样、社会结构不一样，您能不能谈谈您在这方面的感受？

林怀民：由于社会环境的不一样，我想两岸走出很不一样的路子。在技术层面讲，中国大陆的舞者由于从小选入国家重点培养，他的确有想当惊人的一个技术层面的表达。台湾一直是自生自灭的状况，技术层面上在早年没有像中国大陆的这些舞者这么好，我们从来就没有天鹅湖女主角这一类的事情。

可是在另一个方面讲，由于它是政府来供养，他的自由度也比较有限，我想在以前，整个中国大陆，永远想的是一个教条、一个方向、一个框框。我想这个状况，在台湾特别是开始在 70 年代以后，它就是做个人的。

中国是一个大国，在文化上的深厚和地理上的辽阔，有非常多不同种类的文化。我们应该相信这样的地方，可以做出伟大的舞蹈作品。但是第一个要做到的是，有绝对的真正的创作的资本。这样的大国只要给它一点自由，一点露水，我想二十一世纪的中国，现代舞蹈的发展是惊人的。

1999 年台北采访

张艺谋 | 我觉得一部作品必须引起争论

张艺谋,中国著名电影导演,"第五代导演"代表人物之一,美国波士顿大学、耶鲁大学荣誉博士。1984年第一次担任电影《一个和八个》的摄影师,获中国电影优秀摄影师奖。1986年主演第一部电影《老井》夺得影帝。1987年执导的第一部电影《红高粱》获中国首个国际电影节金熊奖。从此开始实现他电影创作的三部曲,由摄影师走向演员,最后走向导演生涯。1987年至1999年执导的《红高粱》《菊豆》《大红灯笼高高挂》《秋菊打官司》《活着》《一个都不能少》《我的父亲母亲》等影片令其在国内外屡获电影奖项,并三次提名奥斯卡和五次提名金球奖。2002年后转型执导的商业片《英雄》《十面埋伏》《满城尽带黄金甲》及《金陵十三钗》两次刷新中国电影票房纪录、四次夺得年度华语片票房冠军。曾任第18届东京国际电影节评委会主席和第64届威尼斯国际电影节评委会主席。2008年担任北京奥运会开幕式和闭幕式总导演,获得2008影响世界华人大奖和央视主办的感动中国十大人物。2018年,获波士顿大学博士学位。2018年,凭借《影》获第55届台湾电影金马奖最佳导演奖。

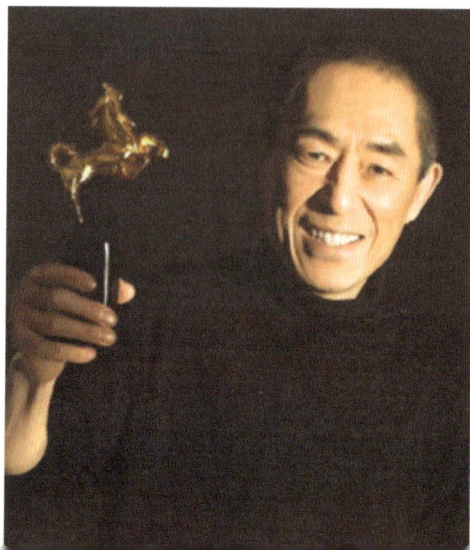

凌峰说

也是在东京电影节上，我结识了张艺谋，我很喜欢张艺谋，张艺谋的为人很好，很谦卑，他是一个才情深藏不露的人。我觉得他憨厚，正如他演那个《老井》那部电影角色一样，特别朴素，还礼貌周全。那次见面留下了一个很好的印象，我们就变成朋友，我也答应他，以后有空，我会到西影去看他。后来他的《大红灯笼高高挂》在大陆公演还是在台湾公演，我也都去捧场。他当初是投奔吴天明去的，吴天明器重他。我准备给王洛宾拍电影就是想让张艺谋来做导演，片子名字都定好了——《在那遥远的地方》，后来每次见到张艺谋，我会问他，可以开机了吗？他就说我们等等天明。天明与他是伯乐与千里马的关系，他们之间可以说恩重情深。时间流逝，物换星移，今天，吴天明不幸离世了，而张艺谋依然在持续不断的拍电影，这是他的热爱与才情，也是他的非凡的命运。

凌峰：从《老井》，到目前的《红高粱》，这两年来，就中国电影里，你应该非常得意。许多荣耀，随之而来。当然，荣耀之后应该有许多的压力，一些自我期许的压力，一些自我突破的压力。你可不可以谈谈，你的压力？

张艺谋：我觉得我自己的压力不是很大，当然《红高粱》和《老井》，目前大家都比较喜欢，而且也承认是一部好电影。不过我自己觉得还不足，我认为我还会拍得更好。因为我拍C，是第一次做导演，我觉得刚开始，还有些地方很不足，所以我还有很多以后的计划，以后应该拍得更好。所以呢，从目前来讲，我没有把这个荣耀看得很重。就我们平常讲的，它是身外之物。我总觉得有时候也是人的机遇，我还是希望以后能拍更好的电影。

（《红高粱》电影海报）

凌峰：对我们电影工作人员来说，像你这种性格并不多见。没有压力的，几个有这么高的重大成就的朋友而没有压力？我想在海外，我老人家也是第一次碰到。这个创作里的内容，我访问了许多大陆观众，截然不同的两种反应，通常保守派，说你在揭我们民族的一些短处；还有一些知识分子和年轻的大学生，他们觉得很爽快，你批判得淋漓尽致，把我们中国人的劣根性，说得非常清楚。你对这两种不同的反应，有什么说法？

张艺谋：我觉得电影最具有社会性，一部作品出来之后，社会各个阶层都很关注。从我自身来说，你的电影制作出来以后，它就不属于导演本人，它属于社会。电影是应该让每个人对它发表意见，我觉得每个人在他自己的角度上，都是正确的。所以我一般的做法是，对各种各样的说法，我自己做一个不公开的修正。我对内容很有争论的这种现象，非常高兴。我觉得一部作品必须引起争论，如果不争论，就没什么意思了。

凌峰：咱们这个民族，本来就缺乏反思能力，我想你最喜欢的就是让咱们的民族，能够不断地有一些反思的刺激。

张艺谋：我想对我的创作，不会有什么太大

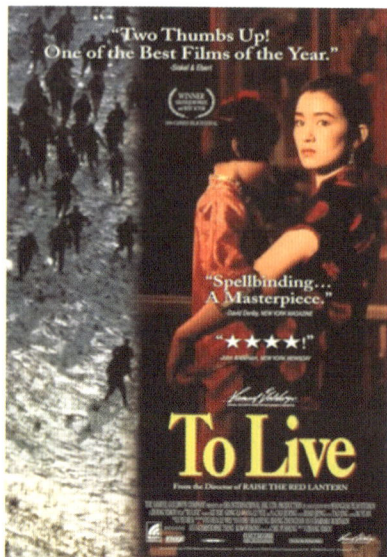

（《活着》电影海报）

的、根本性的影响。因为我觉着，我们的电影要面向世界，必须要有自己的特点，不能跟着别人的随大流。我想只能吸取别人的长处，很潜在的转化成自己的特点，而不可以直接照搬。

凌峰：吸取西方的养分，在母体文化里面扎根。根据我们了解，你做过摄影师、演员还有导演。我很想知道这三种职位，你哪样比较留恋？

张艺谋：我当然还是留恋导演。导演在电影中最能充分地表达自己。

（凌峰采访张艺谋）

凌峰：大家都非常关心你未来的计划。你来谈谈，你的未来的计划、想法以及抱负？

张艺谋：我可以很实际地谈谈。《红高粱》以后，我又拍摄了一部电影，刚刚完成，现在正在搞后期，牵扯到跟台湾未来的合作问题，可能会有一点超前性的东西，我觉得还是比较有意思的。它是以动作为主的电影，反映的一个劫持飞机的一个事件。主要内容是台湾和中国大陆两方面的，由于人道主义精神，共同营救被劫持的飞机上的人质，这么一个故事。这个正在搞后期，台词和动作效果已经做完了，我们正在录音乐，可能再过二十天就完成了。在这个同时，我现在参加这个《秦俑情》的主流拍摄，这是香港程小东导演他们制作的一个电影，拍摄的是两千年前一个秦朝的故事，而后到了三十年代的，一段很浪漫的爱情故事。我在这里扮演男主角，就是秦始皇兵马俑，因为他们都说我长得比较像秦俑，而且我自己也是临潼人，所以我还有点兴趣。这个也是一个比较娱乐性为主的电影，大概到明年二月份结束。结束以后呢，我自己还有一个计划就是明年我想再拍摄另外一部电影，那个电影我非常喜欢，也是关于中国北方农村的故事，我希望能超过《红高粱》。

凌峰：我们也祝你成功。听你在一个电影里面扮演兵马俑，我看有点像给我们刚刚拍完了的兵马俑，看看你的确很"勇"。另外，你是有超越性意识形态的电影工作者，借电影这个媒体能够缓和一下海峡两岸的气氛，接济一下海峡两岸的情感。我们祝福你！

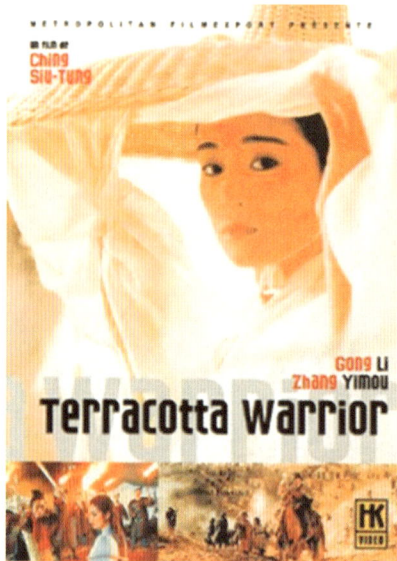

（《古今大战秦俑情》电影海报）

1988 年采访于西安

焦雄屏 | 电影让我们收获了美好的感情

焦雄屏，台湾电影学者、教授、剧作家、制片人、出品人。毕业于美国德大奥斯汀分校硕士班，并曾在加州 UCLA 大学攻读博士学位。返台后推动台湾新电影运动，并在七八个大学里任教，出版书籍近九十本，替华语世界的理论奠基。她任出品人，监制佳作获奖无数，如《十七岁的单车》《蓝色大门》《听说》《白银帝国》《爱你爱我》《侯孝贤画像》《战·鼓》《洞》等等。她和邱戴安平合作的《阮玲玉》帮助张曼玉登上柏林电影节影后。"两岸三地"无数导演得到过她的协助参加国际电影节。她曾任金马奖主席、"电影年"执行长，并制作《聚焦》《知识大师课》视频节目。

凌峰说

　　我跟焦焦是奇缘，有一年我们一同去日本参加东京电影节，飞机上坐在一起，她跟我讲起电影《牧马人》，结果我们两人竟然抱头痛哭，从此我们就成了无话不说的知音。她是个非常强势非常有魄力的电影人，但常人又看不到她骨子里的温婉柔情。她其实心肠极好，有时甚至可以说非常柔弱，她看到一部好电影，就会哭。在我的面前她哭的次数最多。别人叫她焦老师，我叫她焦焦，这是我给她取的名字，也只有我敢这样叫她，因为我有幸见识到她柔弱多情的一面。

　　这个世界上，有的人关系原本很好，后来渐行渐远，但有的人，却越走越近，越走越亲，我和焦焦就是这样，亲如兄妹。

　　因为她的文章太有影响力了，所以大家都非常重视，非常关心她的影评，金马奖是台湾甚至整个华语世界最有影响力的电影大奖，她很长时期担任金马奖的评委主席，受到广泛的尊敬，在整个电影界，从女性来讲，她要说排第二的话，就找不到第一的了。

焦雄屏：因为对中国有一丝好奇，然后做了很多电影研究。然后我们去了东京（电影节）是咱们结缘的开始吧？

凌峰：对，当然。

焦雄屏：我们去东京也真没想到在那个地方我们认识的第一个大陆导演吴天明。

凌峰：他叫我什么你知道吗？

焦雄屏：他叫你资本家。

凌峰：哈哈哈，为什么？

焦雄屏：那时候我们不是每天晚上都要去胜古的一个居酒屋，在那边吃很好吃的啤酒跟小吃，大家那时候，除了你谁有这个能挥霍的钱？然后就很热情的买单，大家都好高兴啊，有一个人会付钱买单，吴天明导演就说：明天叫这个资本家再来付钱，起码三次还是四次吧。

凌峰：结了这个缘以后，那后来我到大陆去，就去找他。

焦雄屏：对，他帮你通了很多关是吧？

凌峰：对，后来记得88年之后，台湾开那个听证会片子被没收，那时候我还记得唯一的电影学者，别人都不敢来，就你来了，仗义执言。

焦雄屏：哎，我只要觉得对的事情我一定会出现，当然还有您个人的魅力啊，这一定要讲的，就是飞机上比邻而坐，我讲了一个《牧马人》从头到尾，我记性好，我把故事巨细列明讲给你听，讲得我自己也哽咽了，然后你哭成那样我也挺不好意思，那空乘小姐一直跑过来看我们两个，你哭得稀里哗啦，我就在那掉眼泪，那时候，我就觉得这人，一定是个至情至性之人。然后去大陆去追寻自己的目标，拍了一个这么棒的《八千里路云和月》，真的是两岸第一次，我觉得融冰之旅的文化交流，因为到现在为止，我们所有的台湾家庭，每个星期五的晚上，很多家人就坐在那，算是一种围炉吧。

凌峰：包括你们家吗？

焦雄屏：包括我家，我父母，因为40年了，大家都想知道大陆发生了什么事，大陆每一个地方的风土人情，每一个领域文化的、艺术的、老百姓的、庶民的，每一个人都想知道发生什么事，我知道很多人是带着眼泪看的，就是台湾对中国大陆社会的一次初步了解，可能是全面的从你这边带进来的。电影是我带进来的，因为那时候我每个礼拜，写一篇专栏，介绍一部大陆电影，我不是写评论，我是写电影后面所涉及的社会啦，文化啦，一般思虑啊这样的问题，但是如果它在艺术上有很杰出的成就我也一并介绍。我那个专栏持续了五年，很多人也是从那个专栏认识大陆的电影，也是从那个专栏中间认识大陆社会。就跟我看了《牧马人》讲给你听一样，其实是我自己透过那个电影，理解大家在那种情境下，对于未来的社会走向的一种至情至性的表现。

我觉得谢晋是一个非常伟大的导演。在我们看《牧马人》，还有看《我这一辈子》，这一类的影片的时候，我每次一谈到这种有关于中国的命运啊，中国人怎么样跟这个土地还有老百姓结合在一起，就会由衷的感动，我觉得那个故事我讲得不错，你才会哭成那样，宛如看过那个电影一般。但我觉得更棒的是，在我的号召之下，我们每天晚上跟吴天明还有吴子牛导演，还有日本导演，柳町光男，还有当时一个台湾记者张光斗，大家每天晚上相聚，那种相互了解，有说不出的亲切感。

凌峰：当然。

焦雄屏：你就感觉到大陆跟台湾其实一模一样，大家比较来比较去，要不然就是哈哈大笑，要不然会心一笑，就是觉得那种非常尽兴的交流，我觉得我们都是幸运的，你幸运因为你去拍《八千里路云和月》；我幸运是因为我一天到晚，就去国际电影节。在所有国际电影节上，都会见到不同的导演，然后第一次大概是东京影展，吴天明是我们认识的第一个导演，我相信也是你第一个认识的导演吧？之后又认识太多导演。

凌峰：我记忆最深刻的就是得奖的时候，一说是第一个吴子牛，哇！大家掌声热烈。

焦雄屏：对，手都拍痛了。

凌峰：第二个是最佳男主角张艺谋，哇！大家站起来了，第三个吴天明，哇！那个掌声之响亮，那个时间之长远。

焦雄屏：我们坐到最后嘛，全都站起来狂欢。

凌峰：鼓掌的没有一个大陆人全是台湾人。我就觉得那个时候两岸的感情啊，那种既亲切又陌生，那种好奇，那种想了几十年总算看到了大陆电影，还看到了大陆导演……

焦雄屏：一见到就挺像兄弟，对吧？

凌峰：对对，最好笑的就是，他不知道我叫什么名字，我还以为自我感觉良好，后来他给我起了个名字叫资本家，我到今天还引以为豪。

（焦雄屏和吴天明）

焦雄屏：那个时候，你不晓得有没有这种感觉，因为40年隔绝，可是一讲起话来最亲切，就是那个从骨子里头的就是那种熟悉感，这个跟基因有关。跟传统有关，跟家庭有关，跟语言有关，所以我觉得大陆跟台湾这个从30年前这段如何从陌生逐渐再水乳交融的这个历史，我们一定要记得。

凌峰：每一个段落都很值得回味，30年后我有这样一种感觉，我们一进入大陆以后啊，发觉这个老谋子的朴素依然，天明的那种直率性格还是没有改变。我经常想起当年我去西影拍他们的那种感受、那种豪气以及上面给他们的压力，电影市场给他的压力。

焦雄屏：他是所有第五代导演的一个保护神，对不对？他领导了大家走向这么大的一个，等于在美学上或者是创作上的一个革命，然后在声啊，光啊，造型啊美学上下功夫，然后讨论都是一些比较深沉的浩大的民族史诗，我觉得吴天明的引导是绝对有一定作用的。

（凌峰和焦雄屏）

凌峰：他造就了很多，你可以举例吗？

焦雄屏：当时第五代所有的导演都叫他头儿，所有的导演都去投奔他，陈凯歌、张艺谋就不说了，然后还有黄建新、田壮壮、何平、周晓文都在他手下，那时候西影在气势上头，创新的态度上头，在国际的声望是远超过其他的制片厂，我觉得是他一手带出来的。你看你进大陆，他帮了你不少忙对吧？去拍这个《八千里路云和月》，你知道我进大陆是怎么去的吗？我第一次去大陆也是吴天明导演邀我去的，所以我的第一站，其实是西安，我认识大陆，跟电影以外的真正的文化，还有社会是从西安开始，我记得我们坐飞机下来，就看到一个黑不溜秋穿短裤的吴天明导演来接我们，很热情，我说我去领行李箱，他说不用不用，你就站这跟我聊天就行了，有人去做。我们那时候抽烟嘛，抽完烟说丢哪？他愣了一下看我说：中国很大，随你丢。哈哈哈，我那时候就觉得他太幽默太可爱了，他真是带我认识大陆的第一个人，然后我就去北京，北影就有田壮壮了，陈凯歌了，张艺谋他们，张艺谋跟壮壮是我们第二站。

东京之后，第二次大规模认识中国导演就在香港电影节，哇，那个就疯了，那个时候台湾有一群人就已经跟你一样听我讲《牧马人》听了很久了，我跟他们讲《牧马人》，讲《黄土地》《红高粱》《老井》，所有的这些电影。只有我看过，讲给他们听，还印文章和资料给他们看。

然后我们在香港看《盗马贼》，我记得开始第一天，我到了，张艺谋跟顾长卫跟顾长宁到了，哇，我们就谈到晚上两三点在房间里头，高兴得不得了，因为刚看了《红高粱》都很激动，第二天，侯孝贤、朱天文全到了，然后田壮壮到了，屋子挤得都是人，我就记得我走进去就说：田壮壮在哪？田壮壮在哪？我旁边站起一个来，他说：我就是。就觉得很奇怪，怎么有个人嚷嚷，一直找田壮壮是谁。

那个时候，我们好高兴见到这些创作者，真心觉得大家做电影是在做了不起的大事。每天晚上谈，你想十几个人都在我房间，永远我记得，十几个人，可能有时候二十几个，有时候关锦鹏也会来，有时候还有其他香港一些人也参与我们的行列，但就是台湾跟大陆最亲，就是讲不完的话。讲一讲，大家抽烟，讲一讲就烟雾弥漫，谁进来都说你这像仙境一样，里面都是烟。然后再坐一坐，烟太多那警报器就响了。如果打开门散烟，不一会警卫又来说其他房客抗议说太吵！每天晚上这样谈了差不多五六天，恨不得把这个台湾跟大陆隔绝40年的所有的空白都补上那种感觉。然后大家互相交换钱币，在钱币上签名，就自己签名，田匣壮壮，张匣艺谋，那我们这边也要写，匣帮雄屏，我们每个人签了大概十几张吧，每个人都有一张，上面所有人的名字都冠个匣。

凌峰：你也没想到现在近30年，两岸的电影的变革，当年你挑起了整个台湾的新浪潮，你的一支笔影响了当时的创作激情，你会想到今天海峡两岸有这么大的变革吗？

焦雄屏：想象不到啊，因为全世界没有一个地方，电影史百年来不会有一个地方像中国这样子的，一个你知道忽然崛起的巨大的马上要变成世界第一大市场，这是不可想象的，世界电影百年就是好莱坞统治嘛，我们小时候最卑微的愿望就是，有一天我们的地方也能拍出电影是能感动我们的，在台湾当时的新浪潮很快就达成了，我们看到的不管《童年往事》啦，《恋恋风尘》啊比比皆是，你都会感觉到这里面带着我们的故事，我们这一代人真正感觉到的故事，比较自然，比较写实，我们在美学上也不断地有突破，因为台湾的新电影又夹杂了现代主义嘛，当时大家年纪差不多，大部分都 30 岁出头，那时候我才 20 几岁，在报纸上写评论的确有比较大的影响力，这个影响力还包括我常常组织非常多的活动，领导着一些其他不被报社认可的评论人，群策群力一起来做一些推动台湾新电影的事情，当时的整个气氛在求新求变，年轻的校园里头，都能够有共鸣，然后大家真心喜欢电影，新电影就诞生了！这个情况在大陆同样发生。回首来看很骄傲！毕竟我们做成了大事。

2015 年 7 月 9 日采访于台北

崔健 | 我一点也不孤独

崔健，1961 年生于北京，中国摇滚乐歌手、词曲家、导演、演员、编剧，被誉为"中国摇滚教父"。

凌峰说

　　崔健了不起，他是个有勇气的知识分子，是挑战保守主义的文化英雄，也是因为他的反传统姿态，被打压，遭封杀，当时北京开亚运会，副市长张百发是我的好朋友，我们两人聊天，我说你搞亚运会，如果年轻人不来的话，你那个十万人的空位子，就没有面子。为了叫年轻人能参与亚运会，我跟你出个主意，让崔健出来参加演唱会，他很高兴，我跟团中央的领导申请提出让崔健来唱希望工程，北京第一场，十万人，非常轰动，第二场在南京，又非常轰动。然后我的《八千里路》给他拍了个专辑，到台湾转播，台湾也引发轰动。他是年轻人的偶像，也是中国摇滚的开路先锋。

凌峰：我想知道你为什么要做希望工程巡演？

崔健：我们在设计这个希望工程巡演的时候，是在差不多三个月前。当时就准备去四五个地方，由于制作方面出现一些困难，我们就只联系好这个南京演出。据我了解，失学的儿童之多，难以让人置信。我过去没有意识到，所以我想通过这个活动，让更多的人意识到有这么多失学儿童。特别是作为城市的人，平常我们肯定不会知道这样的事，所以我希望能引起社会的重视，引起整个民族的重视，同时也希望引起政府的重视。

凌峰：你谈谈《一无所有》这首歌的意义。

崔健：一无所有的意义，并不是在于物质上的。我想每个人都有感觉到一无所有的时候，可能就是人的一种抱怨，实际上标志着，一种抱怨的结束。我觉得总是发牢骚，总是谈自己内心的痛苦，自己个人觉得有点厌倦，我觉得应该继续做些实事，还是应该乐观地解决。虽然我们每天的问题很多，但并不觉得看不见无穷的欢乐，我们的生活，是有问题，我们应该去寻找我们自己还没有意识到的欢乐。

凌峰：对台湾年轻人有什么要说的？

崔健：从大陆和台湾来往的开放，希望更多的相互了解，希望能早日取消政治上的这种隔阂，更多的台湾人，更多地了解大陆的年轻人，大陆的文化，也同时希望大陆年轻人，同样能够了解台湾。

凌峰：你可以比较一下，这个海峡两岸的流行音乐。

崔健：我觉得，相比之下，相比之下台湾的流行音乐，发展的比较早，比较完整，但是我觉得可能，台湾也有摇滚音乐，可能还藏在地下活动，摇滚乐是真正的表现台湾的，真正的生活，真正的台湾人，台湾人的痛苦，台湾人的压抑，我觉得可能，相对来说，大陆人接触台湾的摇滚乐的机会比较少，同时可能也是传播媒介的关系，台湾比较重视商业性的，所以相对来说，可能制作方面，更多的重视，这些能够有商业价值的，而并没有注意到，有一些深层的，文化价值的东西。相比之下，大陆的音乐，特别是在北京，有很多这样的摇滚音乐，我觉得发展得更快一些。

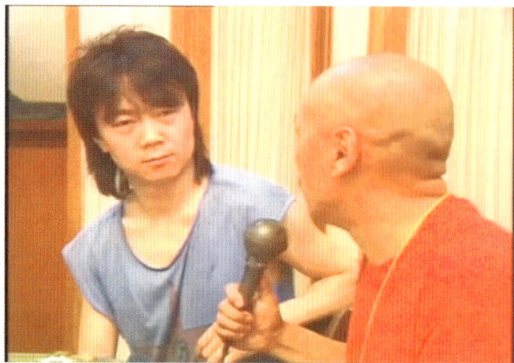

（凌峰采访崔健）

凌峰：很多人个人认为，你这个接触的有很多都是外国朋友。尤其是受西方价值的冲击，所以很多西方价值观念，因此你对于整个，咱们国家的这个社会，纵深的认识和盲点，因此反映在你的歌曲里，歌词上，因此也造成一种矛盾，你可以谈谈，往后你还是继续，从事这样的一种批判性，还是有新的一些思路？

崔健：我觉得，从这个社会角度上讲，恐怕我自己的认识是有限的，因为我自己比较年轻，我是通过音乐，音乐好像是把钥匙，同时，它也给我一种力量。它给我一种感觉，就是人在创作音乐的时候，是完全平等的，所以我觉得，人们不应该过分地强调区域，民族，因为音乐是人类的。当我们再写歌词的时候没，更深入于音乐，我们才能意识到，我们这块土地，这个国家，有他自己独特的情况，独特的背景，但我们只能是，力所能及地去表现。只能透过我做自己的音乐，才能表达我个人的一些看法。我希望是，更多的音乐家，更多的形式，都会得到社会的重视。

凌峰：在咱们大陆，能够举行专场的演唱会，好像就只有你一个，在这种上万人的状况下，你一个人站在台上，那种唯我独尊，观众给予你的热情，把你的这种感觉，推到了沸点，下了台以后，哪怕街上一个小痞子，都可以给你难堪。这种落差，你可以谈谈，你的心情，有人说，是因为你这种孤僻的性格，因为这样的冷热交叉，会造成你一种封闭？

崔健：我觉得，可能只有文化和文字和传统相同，实际上在近 40 年来，我们已经有很大的不同，所以从你的角度上看，对我创作的感觉，好像是一种孤僻，但我不这么认为。我一点都不孤僻，你看我在台上的时候，有很多观众有反应，他们给我力量去创造，所以我觉得，我一点都不孤独。

凌峰：西方社会的一个摇滚乐手，在创作的时候，在歌唱的时候，要找寻那种感觉，会采取各种途径，你怎么样找你的感觉？

崔健：我觉得感觉在那里，是我怎么样表现出来，感觉都在，我们是做音乐的，音乐是给我们感觉的东西，我觉得，我创作了很多东西，我觉得是反过来写的，并不是我。我创作音乐的时候，发现音乐本身，就有很多的感觉，我们只不过是用歌词完善这个音乐。

凌峰：你拍了个电影叫《北京杂种》，这个名字，是你先提出来的？

崔健：不是，是我们大家在一起，有好多想法，就是北京本身这个文化，一种比较混杂性的文化，这里的人都是来自祖国各地，像我父母，都来自东北，而且还有很多的父母的同事，他们都是来自南方，各个不同的地方，所以我觉得我们这代人的文化，是比较复杂的。如果把中国，看成好几个国家的话，就肯定是一种混杂性，各种各样的，最原始的名叫北京拼盘，后来我觉得，不太合适，想了一个北京杂种。

凌峰：这个杂种是不是特别？

崔健：按道理来说，也不是特别，它并不是说一种人。

凌峰：这部片子，所要表现的主题是什么？

崔健：年轻人在寻找一种东西，他们没有一个真正的目标。因为没有目标，或者说是想追求什么东西，造成一种压抑，追求不到的压抑。我们在做之前，也没有明确这个到底是什么样的，我们也不太清楚，但是后来，我们在做的时候，逐渐逐渐找着了，我们想通过电影，表现很多东西，有点像我们做音乐里的，一种这样即兴的一种东西。

凌峰：从《妈妈》，到这个《北京杂种》，你从你的角度看，你对张元的电影，有什么看法？

崔健：我觉得《妈妈》这个电影和《北京杂种》这个电影，从电影态度上，是比较一致的，风格上面就不太一样，因为张元是非常严肃的电影人，他电影里边表现的东西，都比较消沉，色彩上比较暗，说白了，就比较压抑的气氛，但是《北京杂种》不太一样，有音乐的成分在里面，我觉得他拍这个电影的态度也不一样。

凌峰：你对你在《北京杂种》中所扮演的角色怎么看？

崔健：我觉得，我不是在扮演角色，我觉得我就是自己，出现在一个电影里，不是真正的去表演，扮演角色。

凌峰：你对张元拍的这个《快让我在雪地里撒点野》的 MTV。感觉怎么样？

崔健：我感觉不错，张元比较实在地抓住了我们这首歌的宗旨，就是在雪地里撒点野。他比较追求的电影的角度，比较实。但是它的气氛来说，它是按 MTV 这个方法拍的，但我觉得还是电影比较重。

凌峰：那你说在这个 MTV 里面，所追求表现的是什么东西？

崔健：就是歌里面的情形，歌是让我在雪地上撒点野，就是一种感觉，分析 MTV，讨论 MTV，你不能像谈论一个电影一样，很多人就是依附这个音乐的，他不可能，像一个伴奏一样，是先出音乐，后有画面，我觉得 MTV 这种形式，有局限性，你不可能当成一种，好像你通过它，要表达真正的什么东西，比较勉强，我更愿意说音乐本身的影响力，它是把音乐画面完成以后，作为一种宣传，本身的艺术性，也不如电影。也不如音乐。

1993 年 9 月于北京

第三辑

洛夫丨乡愁是一种永远治不好的病

洛夫（1928 — 2018 年），原名莫运端、莫洛夫，湖南衡阳人，国际著名诗人、世界华语诗坛泰斗、诺贝尔文学奖提名者、中国最著名的现代诗人之一，被诗歌界誉为"诗魔"。

凌峰说

认识洛夫大哥是因为我们是邻居，我们都住在台北101附近绿苑大厦，他住五楼，我住七楼。我对他最初的认识，是见到有非常多有名的诗人、文人去他家拜访他，我每每在楼道里碰到，我就想这个人可能很不简单。所以每次见面，我就对他特别礼貌。

以前我根本读不懂他，因为从诗歌讲，他写的是现代诗，又是一个领袖级的人物，以我的文化水准较他相差甚远。又因我常年在大陆拍八千里路，他们后来又移居去加拿大了，所以我们并无缘深交。

直到约十年前，他们从加拿大搬回台北长住，我们才常常在电梯里碰见。他是个特别谦卑的儒者，每次看到我，他就会笑一笑，拍拍我的肩膀。我也会找机会跟他聊天。我特别想要采访他，因为八千里路之前都没有机缘，这也是我的遗憾，直到我完成了这次采访。之后他邀请我去参加他在台北的《漂木》新诗发布会。

有次洛夫嫂子跟我说，他们打算从加拿大搬回台北落叶归根，但行李多得没地方放，就跟我商量可不可以租我家的一个房间放行李。我马上说没问题，楼下一层都可以随便用。他们很不好意思，但我觉得能有这么一个大诗人愿意住我家，对我是一种莫大的荣耀。我不要他们的租金，我说您就直接过来住吧。因为这件事情，在洛夫大哥晚年的时候，我跟他们之间形成了一种特别的缘分。

洛夫嫂子经常邀我去家里吃饭，她的湘菜手艺特别好。以前我以为她家是保姆做饭，后来才知道，都是老嫂子亲自下厨，因为只有她最能吃透大师的口味。八十多岁的年纪，能做整桌好菜，湘菜腊肉、香肠，尤其是她的红烧鱼，还有八宝饭，绝了，一想到我就流口水。

记得2016年吧，洛夫大哥在上海办书法展，还特别邀请我去参加。我才知道他的书法非常有名望，很多名家以书房里拥有一幅他的墨宝为荣。

他们的爱情特别美，他们是在金门相识的，年轻时洛夫在金门当兵，洛夫大嫂是金门人，他们相爱一辈子，老嫂子把洛夫的饮食起居照顾得无微不至，她就是洛夫的拐杖，洛夫只需安心创作文学，她负责处理其他一切事物。尤其是朋友来家里，地方方面面都招待得好。洛夫大哥前两年走了以后，老嫂子很不容易，她有个梦想，就是要把洛夫的文学馆落成。这也是洛夫大师的心愿。

凌峰：我和洛夫大哥一起邻居，很抱歉"八千里路"始终没有给您做一点记录，这是遗憾。因为我们小时候不读书，对您的诗总有一些陌生感，您的诗博大精深，必须要从传统读过来，从民国读过来，最后才能读得懂。为什么人家叫您"诗魔"？

洛夫：其实"诗魔"这个名字，也是一个评论家提起来的，就是说我的诗歌意向、诗歌语言、表现技巧跟形式变化很多，就是说中国诗坛的诗歌魔术师，一线魔术师，是这个意思，并不是邪门歪道的"魔"，心理上的"魔"。

后来我给自己找了一个理由，为什么叫"诗魔"。

开始他们叫我的时候，我没有承认，也没有否认。后来我自己就想到，法国的作家伏尔泰，他说过一句话，他说"每一个诗人的心中都有一个'魔'"。后来我就想什么是"魔"呢？这个"魔"指什么呢？是心理因素呢？还是一种外在行为的表现呢？都不是。原来他说的魔，就是一个年轻诗人，尤其是当年我们开始写诗的时候，所有的年轻诗人反对旧有的制度、旧有的文化规范的一种叛逆性。他为了要创新，他必须要把那些过去的、旧的规范排除掉。所以每个年轻诗人心中都有一个"魔"，就是有一种叛逆的精神，再加上批判的精神，这个也是影响我后来诗歌风格的主要因素。

凌峰：您是什么时候离开故乡的？

洛夫：1949 年，其实我离开我的故乡湖南衡阳，也就是国民党 1949 年全部退到台湾的时候。那时候我是高中三年级，一群同学就看到街上贴的告示，台湾的陆军训练部招考去台湾的学生，但是我们也没有考虑到未来的前途如何，就是觉得好像有一种很自我的心理，希望年轻人到外面去转一转，自己闯一个天下。然后就到台湾去读大学，接着读研究所，没想到这一去就是几十年。在大陆开放军人回家探亲以前，我们从来没有想到能回故乡，以为从此以后这一辈子都不可能再回去了，后来大陆开放探亲以后，我们才有机会回去。

当时我的乡愁如此浓重，有家归不得的感觉如此强烈，所以我前期的诗歌都有很苦涩的感觉，就是整个脱离了充满血性的文化母体的感觉。没有这两个方面的母体，一个是血性的母体，一个是完全的母体，这个人就活得一点意义都没有了，所以那个时候很苦闷。在极度的苦闷当中写了很多有关死亡的诗，也写了很多有关乡愁的诗。

凌峰：到香港去的时候和余光中，还到落马洲，去北望神州？

洛夫：对。

凌峰：哪一年？

洛夫：1958 年还是多少年，忘记了，我记这个数字记得不大清楚。就是那年香港大学邀请我去做一个讲座，访问一个礼拜。余光中在香港中文大学里任教，有一天他就说，我带你去看看中国大陆是什么样的情况。在香港的落马洲透过望远镜看深圳，望远镜的倍数很大，远远地看到中国的河山。回来我就写了一首诗，就是《边界望乡》，这首诗在大陆受到很多重视，到处都在朗诵这首诗。余光中不是有一首《乡愁》吗，我写的是《边界望乡》，在落马洲的边界来看自己的故乡。当时看到望远镜中的河山，镜头距离一拉就过来了，望远镜里的河山就迎面撞来了。望远镜中扩大数十倍的乡愁，乱如风中的散发。当距离调整到令人心跳的程度，一座远山迎面飞来，把我撞成了严重的内伤。

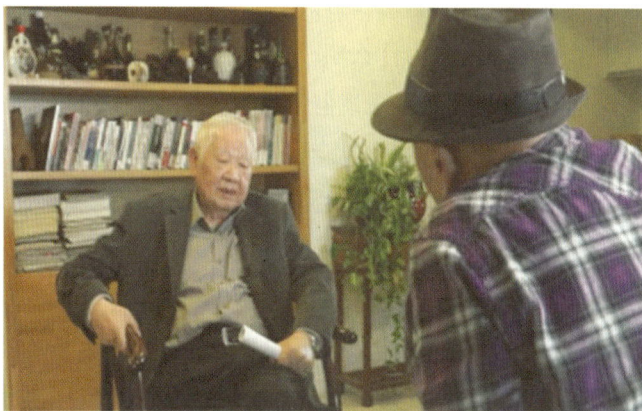

（2015 年采访洛夫于台北）

1949 年离开，一直到 1988 年我回去，中间跨越将近四十年，这是我们这个时代的人生命走过的一个很大的断层。我认为这些乡愁是一种永远治不好的病。因为我第一次回去的时候，由于时代的改变，由于政治制度的改变，当年的故乡已经不存在了。比如说 1988 年我走到我过去曾经住过的大街，已经改为了列宁路。制度改变以后，就完全丧失了我记忆中的乡愁的根源。那个根失去了，就觉得人事全非。乡愁就是靠这些东西才得以延续，所以我写的乡愁也因此成了一种很绝望的乡愁。

凌峰：那个时候，好像你们引领了这个乡愁，好像"乡愁文学"，就是从你们开始的是不是？

洛夫：对，诗歌方面反映得比较早一点，比较深刻一点。

凌峰：今天再回首 1949 年之后的台湾文学在变迁过程中的整个脉络，您的看法是？

洛夫：台湾跟大陆不一样，大陆受东欧一带的文学影响比较深，台湾受法国、德国、英国、美国等国家的影响比较明显，尤其是现代文学的影响，但是最大的影响，应该是来自现代主义。为什么独钟于现代主义呢？就是那个时候，我们这一批年轻人，像痖弦、余光中，都是二十几岁的时候从大陆到台湾来，这是我生命中的第一度流放。我们那时候学的诗歌都是受五四新诗白毛诗改编的影响，我们没有接触文革那个时候的诗，但是我们接受五四以来的诗歌变革，于是就发现，当时胡适参照的白话诗语言上很粗糙，完全失去了中国传统文化以及中国古典诗歌的韵味，所以我们只好向西方去取经，去寻找一个新的创造源泉。我跟痖弦、张默三个人创办的《创世纪诗刊》，已经办了六十几年了，现在还在办。

凌峰：它的名字是《创世纪诗刊》？

洛夫：是的，《创世纪诗刊》。如今在世界范围内，有华人的地方，都知道这份诗刊，都认同这个诗刊。那时候我做总编辑，我当了十几年的总编辑。后来我大量介绍西方现代主义思想，以及当时存在新的哲学思想，把西方现代主义的大师们的理论跟创作从原来的法文、德文翻译成英文，英文再翻译成中文，有的思想是来自日文，但日文也是从法文翻译过来的。经过翻译之后多少有些变化，所以后来很多年轻学者都找原文来看，比如说找里尔克的诗，一个很有名的形而上的诗人。翻译的时候就遇到很多困难，有很多不同的版本，有的是从日文翻译过来的，有的从法文，从英文。那时候我就把这些资料收集起来，我自己也在研究现代主义的作品，尤其是超现实主义的作品。我自己也做过很多实验，像我的第二本诗集叫作《石室之死亡》，写的就是那时候我在金门，面对死亡威胁的时候，那种绵长感。那本诗集采用的超现实主义的手法，后来成了我写诗很重要的表现手法。

凌峰：为什么叫"漂木"？

洛夫：其实也很简单，我开始写的时候，是想表现一个诗人在海外漂泊心灵的孤独感。孤独不仅仅是肉体的孤独，而是整个精神上的孤独，心灵的孤独。所以开始我写的时候，前面千篇一律写漂木，写它的主题诗，后面发展以后我也写得有规律，就是把心里的四封信放到漂流瓶里。这四封信其实就是四首诗，这四首诗里有"致母亲""致诗人""致时间""致诸神"。

我曾经是一个基督徒，因为我全家是基督徒，有家庭传统，我父亲做过牧师，从小我们还受过一次洗，后来到了台湾澎湖，又受一次洗。我为什么受两次洗，是在那种特殊环境之下，感到一种心灵上的漂泊。心不知道摆到什么地方，空空落落的，活在这个世界上，不知道要干什么，最后想找一个依靠，找一个心灵的寄托，那就只好跑到教堂接受第二次受洗。几十年以后，因为我全心投入诗歌和艺术的追求，就几乎把宗教摆在一边了。

这些年再也没有去教堂，因为我对宗教的形式很不满。我觉得神在我心中，每个人心中都有一个神，只是不同的神而已，不是耶稣，也不是释迦牟尼，也不是一个庙

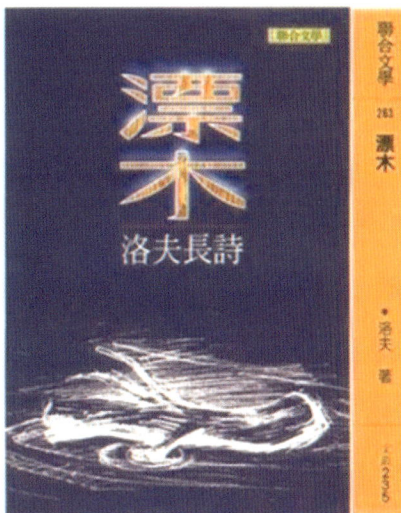

里的什么菩萨，只是那种没有固定形象的精神力量。一个诗人确实必须要有这种信仰的东西，这种信仰不一定是形式上的，主要还是内心世界的。

凌峰：你们衡阳人好像在整个湖南人里是一个非常特殊的族群，晚清之后湖南在地理和人文上一直有非常特殊的地位，在衡阳与日本的战役非常惨烈，您应该有记忆吧？

洛夫：我最记得的是衡阳保卫战，48天保卫战，打得很惨，十几万军队只剩下一两万人，都死光了。那个时候念初中，我就到乡下去躲避，学校全部都停课了。开始是日本飞机炸，后来日本占领了几个月，美军又来炸，可以说是把衡阳夷为平地了。后来几个年轻的朋友说是他们有一个别动队，所谓别动队就是游击队，他问："一个游击队的第八大队需要年轻人，你要不要去？"

我说："好啊，我去。"

于是我就去打游击。有意思的是，有一次大队长把我叫去，他说："现在交给你一个很重要的任务，你愿不愿意做？"

我说："什么事？"

他说："我们现在需要武器，你能不能够从驻扎在你家的一个班的日本部队那里去偷一个轻机枪？"

我当时也是年轻，少不更事，稀里糊涂答应了，当时冒着很大的生命危险，把一个轻机枪偷出来以后，他给我升为分队长。我的年谱里都有的。那会抱着那种盲目的勇气，现在叫我去，我不敢了。

凌峰：那个时候您几岁？

洛夫：那个时候十五岁。

凌峰：所以革命需要年轻人。你们老家还有一个湖南人沈从文，是不是在你们那个时期，他已经很有名了？

洛夫：他是湖南人，不是衡阳人，凤凰县。

凌峰：您能够谈一点对他的作品的印象吗？

洛夫：有一种很朴实的美，也是把土地跟人情结合起来，把湘西的风情跟纯粹的人性结合起来，所以读起来非常亲切。其实沈从文当时在国内受到政治的影响曾经自杀过，他在一个图书馆里面做管理员，后来研究历代服饰，也出了书，因为政治的原因并不受重视，没有把他当回事，自杀两次都没死成。他的好处就是不乱出风头，也不乱写文章。政治运动的时候，他很安全地过关了，受苦受得比较少。但是他的文学造诣很高，在海外受到特别的重视，所以他的文学地位也得到了确立。

凌峰：从您的角度看，这些年来大陆在文学上的变化如何？

洛夫：他们在文学上的变化，主要是因为受到"文革"那个时代，在整个政治运动的封闭状态之下，人性也整个被封闭，而且写作的形式与内容都受到很多的限制，一切文学都是为政治服务，为工农兵服务。所以在那几十年来，几乎是没有文学的，也没有诗歌，这点他们自己是承认的。后来渐渐改革开放以后，最早出现了伤痕文学。

在诗歌方面的改变，主要是朦胧诗的开始，就是北岛他们那一批人，北岛、舒婷、杨炼等，其实这些人我都认识，跟他们都有来往。还有一个顾城，后来自杀了，他最后得精神病，他把太太杀了，然后自杀，这是一个很特殊的例子。后来又到了第三代。大陆文学的发展就是在不断地展开一种破坏、一种解构、一种颠覆，然后进行新的重建，建立新的文学体系。经过这样不断地发展，所以今天大陆的诗歌可以说没有什么限制了，除非你触动了政治很重要的禁区，什么都可以写。

凌峰：你看台湾的本土化之后，因为教育资源和文化资源都渐渐失衡，在未来，两岸的文学是否会越来越隔阂，还是越来越突出自己的风格？因为我们现在的电影、电视，大陆都没办法看懂。台湾以前有一部很红的电影《海角七号》，我就到处给人家讲，可以从《海角七号》里面读懂台湾，然而很多人是看不懂的。

洛夫：意识形态在里面最糟糕的就是本土文化。每个人都有他们自己所认识的本土文化，这无伤大雅，很正常，但是加上政治的意识形态以后就很糟糕。意识形态最坏的就是只强调自我，防备别人，拒绝别人。大概一二十年以前，台湾就开始产生这种完全否定中华民族文化的现象，这点我是绝对不承认的。

凌峰：出埃及记在旷野里，有很多人也想要回去继续做奴隶，他们也是一种回归。好，谢谢您。

（2016 年在上海洛夫书法展）

余光中 | 学生跟我一起吃午饭学到的，比上课学的多

余光中（1928 — 2017 年），当代著名作家、诗人、学者、翻译家，出生于江苏南京，祖籍福建泉州永春。1947 年毕业于南京青年会中学，入金陵大学外文系，1949 年转厦门大学外文系，1952 年毕业于台湾大学外文系。1959 年获美国爱荷华大学（The University of Iowa）艺术硕士。先后任教台湾东吴大学、台湾师范大学、台湾大学、台湾政治大学。期间两度应美国国务院邀请，赴美国多家大学任客座教授。余光中一生从事诗歌、散文、评论、翻译，自称为自己写作的"四度空间"，被誉为文坛的"璀璨五彩笔"。驰骋文坛逾半个世纪，涉猎广泛，被誉为"艺术上的多妻主义者"。其文学生涯悠远、辽阔、深沉，为当代诗坛健将、散文重镇、著名批评家、优秀翻译家。诗作《乡愁》《乡愁四韵》，散文《听听那冷雨》《我的四个假想敌》等，广泛收录于大陆及港台语文课本。

凌峰说

认识余光中是因为《乡愁》。

当时重要的知名大学都位于北台湾，南台湾高屏地区还没有"国立"大学。为了平衡南北教育的发展，决定在南部筹建综合大学，于是就在西子湾设立了"国立"大学，为纪念孙中山先生，所以命名为中山大学。李焕先生出任"国立中山大学"的首任校长。余光中受聘为中山大学外文系的教授。

因为他写了一首非常著名的诗《乡愁》，而我拍"八千里路"正是源于我的乡愁，所以我就到中山大学去访问他。

我对他的印象非常好，谦谦君子，讲话温和，博学多闻。他不光会写文章，更重要的是，他是精通文史哲的一位通才。再加上他当年写完《乡愁》之后，他的诗歌都变成了歌曲，广为传唱，校园民歌里面都有他的歌。

我文化不高，对通识教育的需求特别强烈，那么刚好余光中就是在通识教育里面的一个大师级的人物。当年去大学拍摄很不容易，但是他很支持我们，不但可以采访他，还可以拍他现场授课。后来他去东吴大学演讲、授课，我也经常去旁听。

我不只是听余光中授课，也会经常提问题。你要去思考他所讲的内容，并给出自己的看法。我也会和他的学生以及副教授们沟通，从他们的言谈中，我了解了余光中是多么深邃和智慧，也提升了我在访问时候的文化准备。

认识余光中以后，他成为我最重要的书库，人生路上通识教育的好导师。

　　凌峰：请谈谈您的留学经验。在近代百年中国，从 1872 年一百二十个留学生开启了知识青年的大漂泊，我们在回顾"两岸三地"的整个现代化进程，留学生发挥的作用。您可否谈谈？包括您自己。

　　余光中：整个中国的现代化，跟留学生太有关系了。五四初期留日的最多，因为比较便宜、比较近，然后就去美国的、欧洲的。这些人回来之后，就从日本带回了浪漫主义，从美国带回了民主，把这个外国的思潮带回来。本来他们是去学科学的，结果他们带回了新的思想。就像今日大陆，派很多留学生出去富国强兵的，结果带回来的都是新的思想。慢慢这个量变就会变成质变，所以到了最后，还是挡不住外国人这个开明的思想。

　　其实我觉着，中国的现象而言，最早的留学文学是《西游记》，玄奘是最早的留学生。他多伟大，一个人把那么多佛经带回来，为请佛教的真经。

　　凌峰：因为我们七月份要开播的节目，是从饮食文化看社会变迁。我们发现，这个自古以来，螃蟹入诗的几率特别高，其他很多这种饮食文化入诗的几率都比较低。为什么螃蟹入诗比较多？

　　余光中：这个要问美食家才行。螃蟹味美，它出现在秋天。那么我想一个人胃口比较好的时候，一面吃螃蟹，一面赏菊花、赏桂花，秋天螃蟹成熟的时候。吃螃蟹的文化跟吃牛排的文化是相反的，吃牛排是美国文化，这个非常单纯的，就一大块肉来吃。那么我们中国人吃螃蟹呢？吃螃蟹，吃核桃，慢慢剥出来，味道就是剥茧抽丝啊。尤其是喝酒，不能几块肉就把酒喝光了，吃螃蟹才能时间拖得够久，然后文人之间谈风就很盛。

　　美国人不吃金鱼、不吃鲤鱼，他们怕吐刺，所以他们是吃牛排的民族，不能够欣赏螃蟹。螃蟹是中式的，要慢慢品尝，再配酒。

（凌峰和余光中）

凌峰：您在这几个学校，厦大、台大、南京的大学、中大、香港大学教书，您自己觉着在漂泊的过程中有什么经验？再比较比较这些大学的不一样吧，包括您在西方的漂泊？

余光中：我读大学时，前两年是在南京大学，然后在厦门大学。因为内战来了，南京社会很不安定，我知道一个新政权来了，但它并不适合我，所以我跟着父母南下到厦门。有些进步的同学劝我回去，为人民服务，可是我这种小资产阶级思想，我就来台湾了。我来台湾之前，在香港待了一年，失学也失业，当时也有进步思想的同学劝我回去，后来他回去了。我想我如果当年回去了，可能就是另外一个人了。

在台大就比较安定了，就能够鼓励人、写诗，跟我同班的比我低一年就许倬云了，他也在写新诗，那时候他还没做历史学家，还有于梨华，我们过后十年才出现白先勇、王文兴。台大对我很有启发，台大校庆的时候，记者问我对台大如何感恩？我说我感激它的，并不是它要我做什么，而是它勉励我做什么。它让我懒懒的，可以胡思乱想，可以写作，当时台大有这个气氛。

凌峰：西南联大生产出两个非常重要的诺贝尔奖，一个是杨振宁，一个李政道，当年和吴大猷之间的关系。十一年前我们访问吴大猷，做他的口述历史，他当时在漂泊过程中师生之间的感情，和现在对比，恐怕已经流失掉了。你觉得呢？

余光中：当然，当年大家是逃难吧，中国最好的几个大学，北大、清华、南开合而为一，以后没有这种盛况了对不对？现在哪一个大学，还有像那三个大学的老师呢？

而且在逃难期间不会像今日，大学生这个外物那么多，赏心乐事那么多。当时大家都是国难当头，鹿桥写的《未央歌》实在是比较美化了，把它朝大观园来写。其实当时校园并不是如此。

你讲的诺贝尔得主杨振宁他们，还有一点值得注意，就是咱们很多老师是人文大师，老师里面中文系、外文系、哲学系，都有很好的头脑。所以杨振宁是科学家里面相当注意人文的一个人，他常常劝大学生多读唐诗三百首。我想他读的古诗比较多，都是当时老师的启发，他的老师就包括沈从文、朱自清、朱光潜。

凌峰：师生感情呢？

余光中：比较亲密，比现在亲密得多。像我现在，在中央大学，我中午都是跟研究生一起吃便当。那就上天下地无所不谈，他们觉着跟我一起吃午饭学到的，比我上课学的多。

凌峰：研究生为什么喜欢和您一起吃午饭？

余光中：大学班比较大，学生也不是那么成熟，可是研究生就不一样了。研究生比较知好歹，尤其这个中文系的研究生，女生的比例比男生多，所以我中午呢都是跟他们一起吃便当。我到外国去，或者从大陆回来，我都带很多东西给他们看，把经历讲给他们听，那他们觉着很有趣。他们觉得那就是吃便当的时候，听我说的比在堂上讲的更有趣，能学的更多。我觉得，师生有这样直接的关系，应该是可以陶冶心灵。

凌峰：学理科的，学人文的，现在学校的比例落差大吗？

余光中：文学人士不多，文献学比起公学院，就少得多。

凌峰：看到它的危机吗？

余光中：中山大学因为在南部，我做文学院的时候，几度要申请设立哲学系、历史系，教育部统统打回票，它是市场考虑。就是你培养这么多没有去处的毕业生干什么？所以这个就是当政者与教育当局应该看得更远一点。因为社会一有动荡，或者道德沦丧，这个就是教育不够，要在人文方面加强啊！

陈映真丨时代把曾经为理想而生死斗争过的人葬送了

　　陈映真（1937 — 2016 年），本名陈永善，笔名陈映真，知名作家。台湾省台北县莺歌镇人，祖籍福建省安溪县。1937 年 11 月 8 日生于苗栗县竹南镇一个笃信宗教的知识分子家庭，1957 年高中毕业后考取淡江英专（即今淡江大学）英语系，1961 年毕业。1959 年陈映真以第一篇小说《面摊》进入文坛。受社会主义思潮与中国作家鲁迅影响，在台湾文坛推动现实主义风格，是乡土文学派的主要代表与旗手。他创办《人间》杂志，为台湾报道文学先驱。在文学成就之外，因推动中国和平统一，反对"台独"，个人政治色彩浓厚，遭受广泛议论及注目。2020 年，陈映真小说全集，包括《夜行货车》《将军族》《赵南栋》，由九州出版社在大陆首次出版。

凌峰说

陈映真先生是台湾的左翼知识分子，他文笔超群、思想超前，对政治有幻想，对民族有情怀，他在那个时代有高度的影响力。当然影响力越高，遭受的政治磨难也越多。1968年，他因为意识形态被国民党当局整肃，被关押在绿岛监狱，失去了宝贵的自由。尽管他和台湾当局的关系紧张，但是如果不谈左右，从超越历史、超越意识形态的公共意义去看，他是一个理想主义的典范，也是一个时代的英雄。

他非常帅气，身高超过一八零，声音低沉、有磁力，话语能力特别强，年轻时是一位英俊的知识分子，监狱里又经历沧桑，是很多左派女青年爱慕的对象。他非常有魅力，不仅是他的长相有魅力，他的知识和学问有魅力，更重要的是，他的信仰有魅力。

无论在大陆、台湾，都有左、中、右，那时候台湾走左派路线的人很多。如果你永远站在主流立场去写文章、去说话，甚至宣扬爱国主义，那当然就没有问题，但是如果你站在主流的对立面，就难免会像陈映真这样走向绿岛，受苦受难。当年很多台湾的左派都被枪毙了，他还好，1975年，因蒋介石去世的特赦，他重获了自由。出狱后我去拜访他，谈话的时候我发现他会暗示我，提醒我，不讲一些犯忌的话语。我觉得他是在爱护我，不要走他那条难走的路。

凌峰：记得从前读你的小说中有提到，"那时候我刚从绿岛回来"，你还是否记得从绿岛回来的那种感觉，在一座四面环海的岛上重新回到台湾，回到原来的生活中，有没有感到巨大的差异性？

陈映真：我记得那是一个很早的清晨，所有被释放的人都需要先排队，乌泱泱一大堆人在天蒙蒙亮的时候，就开始坐上军用卡车。卡车在黑暗的、半薄明的天色中行驶在绿岛上，一直开到码头，然后坐上船。我心里想，"我在这里住了三四年，都不晓得绿岛是什么样子"。第一次来到绿岛的时候是半夜，当时被海军五花大绑，直到离开的时候，虽然没有五花大绑，也是黎明时分出去。我在 1970 年左右被送到台东，又在 1971 年被送到绿岛，坐了三四年。可是我所知道的绿岛就只是被监狱围起来的那一片天空。

一行人抵达码头后就登上船，海上风平浪静，接着到台东的码头，忽然就看见穿迷你裙的女孩子。我的心情猛然嘭一下，这个细节的冲击很大，发现时代迅速地转变了，服装、观念，一切都不一样了。然后，一路坐车上来，车子一站一站把人放下去，我是在最后一站下的，下车的位置是台中。

我是 1968 年离开台湾的，又在 1975 年回到台湾，这段时间恰好是台湾经济最蓬勃发展的那段时期，所以整个市容、建筑发生了翻天覆地的变化，很多地方我简直完全不认得。日本有一个童话故事，叫浦岛太郎，是讲一个年轻的渔夫浦岛太郎，从一个小孩的手里救了一只海龟，这只海龟为了报恩，载着浦岛太郎畅游龙宫，没想到回来的时候，人间一百年已过去了，他自己也成了一位白发老人。我回到台湾的时候真有这样的感觉，仿佛自己完全不是这个时代的人了。

凌峰：如果在此时此刻，您闭起眼睛回想当时在绿岛的生活，第一个进入您脑海里的是什么样的镜头？

陈映真：视觉上最鲜活的场景大概就是这三个，一个是我这些朋友都出来了，有一些人的年纪已相当大，他们在五十年代被捕，那个时候已经六十多岁了，在牢里生活了二十多年。那些老头子中，有些人甚至不识字，这些人都是时代的牺牲者。他们虽然年纪很大，却带着极为单纯的信念过着一天又一天。我跟这些年老的老难友们感情非常深厚，视觉上的记忆就是看他们怎么样在太阳底下脱光衣服、晒太阳、走路的样子。

第二个场景就是绿岛在季风来的时候，海浪的声音非常大，最凶猛的时候像是台湾的台风一样。你可以看到那么高的围墙，还挡不住海浪的高度，海浪在监狱的墙外面脆裂成那种白白的花。记得我回来以后，蛮长一段时间在梦里面经常响彻着海浪的声音，梦见自己依然从窗外看到浪花的样子。

第三个场景是，有一个无期徒刑犯在户外劳动，忽然有一天发生山崩，声音像碎裂的雷响，一下把后面的一堵墙冲开，他就被活埋在里面了。当时我也在做外役，因为雨下了好几天，需要疏通水沟，一回头骤然就看见石头就把我的朋友活生生埋在里面。过了几天，我看见他的孩子来监狱认领他的父亲，这是第一次看到有人从外面进到牢里来。这个孩子把他的身体抬出去，路过我的窗前，他很像他的爸爸，黑黑壮壮的。这三个视觉都非常鲜活的，我到现在都不能忘记。

凌峰：你在绿岛这三年的牢狱生活，给你的生命带来了哪些巨大的影响？

陈映真：它给我的生命带来的影响很大。第一个比较大的冲击是，我们过去听到的历史在自己的身上变成了现实。我们从小就知道，1961年有一次非常广泛的运动，当时我们住在莺歌区，隔壁就是桃园，那会据说桃园有"小延安"之称，在桃园抓了非常非常多的地下党人，他们都是非常有理想的年轻人。但这些都是我所听到的传闻，在绿岛，我才见到了真正的刑狱。很多人被枪毙了，活下来的那些人，他们已经不再年轻，有的人到达绿岛的时候是十几岁、二十几岁，被释放出来的时候已经四十多岁了，在监狱待了大概二十五年的岁月。

我面对面、手碰手接触到的就是活生生的过去，就是被掩埋的历史，我每每和监狱里面的一些朋友，谈到那个时代，谈到那些人，谈到那个时候的想法，谈到那个时候的梦，谈到那个时候的选择，谈到那个时候的挣扎，谈到那个时候对生命的看法，都是我一生都不能忘记的。

后来我实在是忍不住了，所以我把这些尘封的历史和故事小说化。我的第一个想法是使之以岭南画的形式呈现。第二个想法是，在绿岛生存过才知道一个事实，在那个时代中，有一批人完全被时间跟历史埋在那里。如果你不在绿岛生存过，照样娶老婆，嫁老公，交朋友，做生意，和平凡人无二，时代把整个五十年代曾经为一种理想而生死斗争过的人，埋在这个岛上，时间就把他们忘掉。因为我曾经有机会碰到他们，在我的视角里，他们是活的，他们是在场的，他们每一个人都是被一个时代的政治活埋起来的，我好像撞到那个活埋的坟墓里面去，看到那些人物都还活着，那些事迹鲜活如初。

第三个想法就是我们在绿岛的日子里，即便台湾处于各种思想都审查得如此厉害的情况下，在绿岛生存的人才真正知道知识的可贵。因为在绿岛对书本的检查无比严格，如果你要申请购买书，哪怕最普通的书，他们都不会批准。此时我会真的感到一种痛，因为完全被断绝了知识和资讯的来源。当国家用权力断绝你对知识的渴望的时候，你的心中比受刑和监禁本身还要痛苦。有一段时间，甚至连英文字典都不让带进绿岛，那时对知识和书的渴望，以及这种渴望被禁止的痛苦，是至今都非常难忘的。

不过人的适应力非常强，我在如此糟糕的情况下都依然能坚持下来，只读图书室里面有的书，图书室的书籍都是反共言论的书籍。我在那段时间反而有机会把古籍经典好好看一遍，重新认识古典的智慧。如果不是这个遭遇，我大概一生不会去阅读《孟子》《史记》，重新读一遍，读完之后就觉得非常踏实，也感到快乐。

还记得的细节是亲人或者朋友来探望，让你看到外面的世界不断变化，男性的头发怎么变那么长，衣服怎么变成这样，领子怎么变得那么大，或者看他们的皮鞋怎么一会尖了，一会又圆了，狱中和外面的世界天差地别，仿佛鬼在看人世间一样。即便再亲的人来探望，也是用电话交谈，有一道墙隔着，虽然你可以看到对方，你可以跟他讲话，你可以听到他的声音，可是你跟他处在完全不一样的世界。因为在绿岛，所有人都理光头，穿着一件短裤头，很简单，几年都这样，所以我能观察到外面世界不断变化的细节，非常有意思。

可能在我们那个年代，吃得最好的时候恐怕就是坐牢的时候。国民党政治犯是军事化管理，完全把犯人的伙食算在军事预算里，监狱中粮食的标准跟国家军队一样，而且在我们的厨房里面，都是我们这些受刑人在做饭。尽管采买的时候，班长难免有点卡油，可是一进到监狱里面来，就是真材实料，所以我们的伙夫就想尽办法让我们吃得好。老实说，当时我在监狱外面都没有在里面吃得好，甚至是吃到有一些人患了高血压，变胖了。这个情况下，就需要具备运动的自觉。我的身体健康的自觉特别强，总觉得出来不运动的话，离开绿岛身体就报废了。所以，我下雨天在牢房里面慢跑，晴天在户外放风的时候也跑，即便是这样坚持锻炼，离开绿岛后，身体都没从前那么轻快了。

凌峰：绿岛是个非常有亚热带风情的、美丽的岛，但同时又是监禁不同政治信仰的社会精英的地方，对比之下就显得非常荒谬，它成了一种隐秘的象征，象征着这一代人的悲剧，也是台湾政治的一种巨大的失败。

陈映真：与其说用道德及感情去控诉这种非人道的行为，说国民党残忍，国民党压制人格自由，说国民党破坏和蹂躏人权，不如从理性的视角去分析。因为绿岛

（陈映真接受采访）

的日语叫"火烧岛"，战后被命名为绿岛，两个名字都有一个共同的意思，就是镇压分子。日据时代的分子主要是抗日分子，用我们现在的语言来讲，就是反帝、反封建的运动分子，就是被殖民的民族中所诞生的民族运动，以及民主革命中出现的一些运动家，其中以左翼的人为主。战后主要针对的就是在日据时代与日本殖民者勾结的运动家，尤其是20世纪50年代。最主要的还是因为日本在这里拥有政治和经济的自由，

没有自由主义的发展的空间。

　　战后的"台湾"处于国共关系恶化与国际冷战的格局中，国民党要在美国封锁中国大陆背景中发展这里，使之作为反共基地，这就是所谓的战后资本主义。在美国的默许下，战后的"台湾"资本完成了肆无忌惮的累计。其实这个过程与日本殖民统治时期是一样的，主要目的就是使得日本的资本累计更顺利。换句话说，就是使日本对"台湾"的剥削更顺利。绿岛就成为"台湾"战后资本主义发展的牺牲品，在没有抵抗的情况下，政权得到了很高利润率完成资本累计。我个人的看法是这样，如果一切从道德论来解释，那就是另外一种说法，我们应该从更科学的说法中去解读。

　　　　　　　　　　　　　　　　　　　　　　　　　　　　　　1992 年采访于台北

白先勇｜上天给了我一个任务，就是兴盛昆曲

　　白先勇，1937 年出生于广西桂林，知名文学家、剧作家等。他的代表作有小说集《台北人》《纽约客》，长篇小说《孽子》等，散文《树犹如此》等，是二十世纪蜚声华语文坛的文学家，得到过余光中、夏志清等知名作家、评论家的一致推崇，其代表作《台北人》在亚洲周刊评选的 20 世纪中文小说 100 强中名列第七，是在世作家中最高排名，也是二十世纪下半叶最优秀的中文小说集。他也致力于昆曲文化的保存与推广，携手"两岸三地"艺术家主持制作青春版昆曲《牡丹亭》，推动昆曲复兴。晚年的白先勇书评著述较丰，先后编写了数部父亲白崇禧的传记和关于红楼梦的导读：《白先勇细说红楼梦》。他的父亲是民初桂系军阀二号人物白崇禧。

凌峰说

　　其实以我的文化准备去访问白老师是不够的，但是神给了我这种机会和力量，让我以粗浅的文化厚度，竟然敢和这样大师级的人物畅所欲言，胡说八道。

　　白老师很谦卑，无论他的语言、他的风范，看不到任何骄傲，都是那样谦卑、和蔼可亲，为人又很和善。我很幸运有机会认识他，我非常佩服他。

　　白老师的小说，对我这种年龄讲，他讲述的那些传统故事，既陌生又熟悉。所以我读他的小说，就特别念旧。他小说中描写的时代，刚好是我最崇拜、最有幻想、最怀念的年代——民国初年。

　　他的父亲白崇禧将军从民国初年就扬名四海，我对他充满敬仰。他是四星上将，他家出生桂林，我对桂林就充满了幻想。我去桂林拍八千里路的时候，专程去瞻仰白公馆，那时候我还不认识白老师。

　　白老师的文字功力太深了！厚厚一本《台北人》，我能够把它读完，这是我唯一一一口气读完的一本书。我还记得主角尹雪艳，他写得特别美，后来我还看过尹雪艳的话剧。看了他的书，我开始迷恋那个时代，后来又看了司马中原的《狂风沙》、王蓝的《蓝与黑》，看了很多。

　　除了看他的小说以外，我还看的他的电影《玉卿嫂》《金大班的最后一夜》。最了不起的是他晚年还重新制作了昆曲青春版《牡丹亭》，成了海峡两岸轰动一时的文化事件，这些都让我非常钦佩。我的基础很差，这一生能够有这样的长进，可以说跟看了这些书息息相关。

凌峰：白老师，仰慕您已久。我在文学上不学无术，但还是看了《台北人》。我们一同走过变迁的时代，您是一个非常有思考性的作家，而且你的人生经验极为特殊，请教您怎么看待百年中国的变迁？

白先勇：这个题目很大，我的专业是文学，我想从文学到文化的角度上稍微谈一谈。我在大学的专业学的是西洋文学，六十年代正是西方现代主义非常盛行的时候，我们也对西方现代主义文学非常着迷，非常崇拜。那个时候台大的学生，尤其是外文系的学生，都喜欢接触西方文化。因为我的背景不同，我从小对中国传统的小说、戏曲也很有兴趣，所以接触到西方文化的时候，我就有意识地思考了一个问题：不可讳言的是，我们的传统文化经过几千年的繁盛以后，在十九到二十世纪衰落得很厉害。十九到二十世纪，甚至到现在，在文化上，西方主导了发言权，他们说了算。

我在想，我们过去有那么辉煌的传统，该怎么样把过去的传统，挪到现代二十一世纪的舞台上去，怎么让它重现光芒。这是我很年轻的时候就一直思考的一个问题。所以那时候我也有意无意地希望把我们的传统文化、传统文学跟西方的文化、西方的文学结合起来。以中国传统文化为根基，同时又融入了现代元素，制造和凝固一种新的中国文化、中国文学。我是写小说的，我在写小说的时候，也有意无意地把这两种传统结合起来，我一直在探索这一条道路。

怎么把这么古老辉煌的传统怎么跟现代的现实、现代的舞台连接上，怎么把已经衰微的，甚至断层的传统重新接到现代，让它再流传下去，这是一个很大的挑战，但也是必须做的一件事情。所以我除了写小说，还在二十一世纪初的时候，把昆曲这个古老的剧种改良成青春版《牡丹亭》，让它继续鲜活下去，为现代人所接受。昆曲是我们明清时代最高的文化成就之一，在我看来，它在文化意义上跟商周的铜器、跟秦俑、跟宋朝的瓷器是同等的。

凌峰：相当于戏剧界的汝窑，我的理解。

白先勇：因为昆曲是有"百戏之祖"的美誉，因为它有近六百年的历史，现代的京剧和其他地方的戏剧，好多都是受了昆曲的影响而发展的。昆曲历来有很多文人参与创作，它的文学、艺术性都特别高，我认为昆曲是所有的中国的表演艺术中的第一。但是昆曲已经衰微很久了，它是从晚明开始慢慢衰落下来，当然衰落下去有很多原因，不管怎么样，它衰落下去了。

我从小就接触到昆曲，第一次看昆曲就是梅兰芳跟俞振飞在上海的公演，他们演的刚好是《牡丹亭》中的《游园惊梦》一则。那时候小孩子不懂，可是我慢慢接触到了，就觉得昆曲那么美，那么了不起的文化成就，怎么可以让它这样衰微下去，怎么可以视而不见。尤其是 2001 年，联合国教科文组织评定中国昆曲为"口述非物质文化遗产的代表作"。昆曲是第一批入选的非物质文化遗产，而且是第一名。

凌峰：当时是日本评委评选的。

白先勇：自从世界最高的文化机构评定了昆曲的地位，昆曲就不仅是属于中国，它更是全人类的。但是怎么我们的华人世界对自己的传统这样漠视、这样冷淡、这样无知，所以我为此很着急。我想怎么样让大家都知道昆曲的美，经过十年"文革"，昆曲几乎断层了，但"文革"以后它恢复了，却依然很脆弱。

一线的老师傅们都快退休了，全是白发苍苍的上去表演，观众也老化。表演艺术如果没有年轻的观众，是没有前途的。对我来讲，如何把我们的年轻人再召唤回戏院里，来欣赏我们最美的表演艺术，是一个很大的挑战，同时对很多人都是一个挑战。那时候我跟一群有心人一起发出倡议，他们都是艺术界、戏曲界、文化界对于中国文化非常希望，立志要做贡献的人。大约是2003年到2004年左右，我振臂一呼，把两岸三地的创作团队都集合起来，他们几乎都是在当时成就最高的艺术家，我把他们集合起来，花了一年的时间，打造出来青春版《牡丹亭》。

为什么我选《牡丹亭》呢？第一，它是汤显祖的扛鼎之作，是最好的作品。第二，这几个世纪以来，《牡丹亭》一直是在舞台上表演的曲目。第三，它是一个极美的爱情故事，表现的是非凡的情感，它是挚情，深刻，爱得死去活来的一个悲喜剧。我想这个戏的故事那么美，汤显祖的词那么美，而且它已经证明了，世世代代都有那么多人喜欢。我考虑的是怎么把它打造出来，怎么把这场有四百多年历史的戏搬到现代舞台上去，适合现代舞台的现实，因为现代舞台是用电脑控制的。怎么把这么古老的剧种放到西方的歌剧舞台上面去，不能折损它的风雅，利用科技加入更加现代的元素，让已经习惯于现代视觉美学的观众爱上这场戏，把年轻观众召回来剧场。

为什么叫青春版呢？因为第一，牡丹亭是一部歌颂青春，歌颂爱情，歌颂生命的剧。第二，我打破传统，启用了年轻的演员，让他们出演如此经典的一出戏，昆曲这么美，演员也要美。从前的演员是色艺双全的，色还放在艺前面，所以眼睛要看着美。九个钟头就讲一出爱情戏，角色不美怎么行。昆曲就两个字，一个美，一个情，要以最美的形式，表现最深刻的爱情。

所以我就花了一年的时间，请大师张继青、汪世瑜来训练两个年轻演员，磨了一年，又请最一流的舞美设计师和服装设计师把现代元素很谨慎地结合到我们的戏里头。我们制作了一出既传统又现代的昆曲，我提出的一个原则是，我们尊重古典，但不因循古典，我们利用现代，但不滥用现代。要在古典的基础上面，把现代的元素很谨慎的融入进去，所以这出戏出来以后，到现在为止，已经演了265场了（至今已达四百多场），全世界都演过了，从两岸三地，到美国，到欧洲，然到东南亚的新加坡。

凌峰：还有雅典。

白先勇：雅典、伦敦都去过了，我说我们是去踢馆了，到莎士比亚的故乡——希腊，我们还破了纪录，就是 90% 接近满场，这非常不容易，而且 60% 到 70% 的观众都是年轻人。我们在北京演出的时候，北京青年报报道的一个大标题就是——"青春版牡丹亭上演，观众年龄下降三十岁"。

凌峰：我觉得进入校园的难度很高。

白先勇：难度很高，95% 的大学生从来没看过昆曲，在他们的概念里，昆曲是奶奶爷爷辈喜欢看的，后来我们在北大演出了三次，戏演了九个钟头，大学生坐在那里看了九个钟头，那么缓慢，那么古典的戏剧，而且还要自己掏腰包买票，非常不容易。可是在北大演出有两千多个座位，场场爆满。

凌峰：我觉得您做青春版《牡丹亭》更是突破过去很多不同的戏种不能延续和传承下去的困境。大家都想让京剧年轻化，但是自从京剧进京以来，直到今天却逐渐衰弱了，它为什么不能持续受到欢迎，这都与时代和古老剧种的变迁有关系，所以我在您完成这一壮举的过程中看到了突破的可能性。

白先勇：我想突破有一个基本的原则，今天昆曲之所以依然能够打动人心，就是因为它的美学高度，它的传统，几百年下来，多少人付出了他们一生的心血，多少老师傅们、多少的演员、多少的文人、多少的音乐家参与其中，你要尊重他们那一套非常成熟的美学，你不能自己加以改动或者重写，老祖宗的艺术有他的道理。我在改动汤显祖这个经典之作《牡丹亭》的时候非常谦卑，我根本没有想到自己有能力重写，除非我的文学修养和戏曲修养超过了汤显祖。

我在改的时候就想，首先要保持住汤显祖创作时的精神，还要让这部作品在二十一世纪的舞台上重放光芒。你要很敬畏昆曲，它是"戏曲之主"，不能随便地来改动，随便来推翻，但是你可以创新。没有梅兰芳当时的创新，他不会成为伶界大王。可是梅兰芳也有很多失败之作，他敢于创新是因为他的古典底子厚，他是先去学的京剧，后来学的昆曲，他的昆曲很厉害的。创新的时候要极小心，极谦卑。有些人误解了，以为现代的舞台就是一大堆道具产生的效果，那是拉斯维加斯的风格，这是不行的。舞台效果适合西方的歌剧、音乐剧、舞台剧，但不一定适合昆曲。昆曲是一种精美到了极致的艺术，它非常脆弱的，就好像一件精雕细琢的雕塑品，你不好随便去改，所以要很小心，很小心，我改动的时候真的很小心的。

凌峰：我的记忆中，青春版《牡丹亭》最大的突破，就是你在台大开设的《昆曲新美学》课程，只招 400 个学生，结果来了 2400 多个学生，这是海峡两岸都没有见过的空前场面。甚至有一场讲座，所有年轻的孩子都挤得满满的，还有的坐在了楼梯上。我特别调了这个新闻，向一个大陆人证明，传统艺术要重新打造不是那么简单的。您可以谈谈这段吗？

白先勇：做青春版《牡丹亭》，我的首要目标和宗旨，就是让昆曲进校园，一开始我就有这个想法。为什么呢？因为我觉得昆曲的未来和现代的观众很重要，昆曲的前途在校园里头。你一定要使得这些大学生了解昆曲，在台湾演出的时候，台湾的中学生是一班一班自动买票来看的。所以昆曲进校园是我们很大的动力，青春版《牡丹亭》，进三十多所高校演出，都是我募款促成的，否则进校园里演出是要赔本的。有的卖学生票，20块、40块、60块，都是象征性的收取门票费用，甚至有时候是免费的，因为我要让学生来看，他们只要来看就好。最远的高校，甚至演出到了兰州大学，西安交通大学。

凌峰：厦门大学有吗？

白先勇：演出去的最南边的学校是厦门大学、广西师范大学，从来没有昆曲在那里演出过，但一样场场爆满。清华大学、北京大学、南京大学、复旦大学，不在话下，通通去过了。三十多所高校，去演的时候都是爆满，到了天津南开大学的时候都暴动了，1000多个学生，老早就进去，外面还有几百个学生要冲进去，校长紧张得不得了，叫来校警一字排开把学生挡住，非常有意思。为什么会出现这种现象？为什么中国大陆的学生如此狂热的来迎接青春版《牡丹亭》？这非常让我惊讶，同时也非常惊喜。当然宣传很到位，大陆的媒体、台湾的媒体、海外的媒体都非常地捧场，这是真的。

（白先勇老师和凌峰先生）

凌峰：这和您的个人魅力有关系吧？

白先勇：有一点吧，他们好奇写小说的白先勇怎么会来搞昆曲，要来看看你究竟跨行搞出什么样子来。所以我们在校园里头培养观众，这是我很大的一个目标，所以我宁愿募款来做这件事情。第二部北大演出三次，演了16场，场场满座，每场2000

多个座位。北大是龙头了，一定要先抓龙头。演完了之后，我就在北大开始开《经典昆曲欣赏》课程，现在已经第六年了。我通过募款，一边在北大开昆曲课，一边示范演出。每年我开的课都把演员请去，一边演戏给学生看，一边讲。

凌峰：谈谈民国。我们1987年第一次拍摄就到了桂林，先品尝了你家乡的马肉米粉，然后到了你们家的公馆。虽然我们过去查阅的资料很有限，只知道老总统既爱白将军，有时候又对他有些意见，因为他可能太有天赋了。谈谈您父亲的精彩人生吧，尤其是二二八事件后他到台湾来的故事。

白先勇：好的。你一定要去买一本《白崇禧将军身影集》，中间有光碟，那个光碟很要紧，光碟做得很好，我父亲的一生通通在里头了。我父亲的一生很简单，第一，他18岁参加辛亥革命的武昌起义。他是先加入广西学生军敢死队，从桂林到武汉去参加武昌起义，所以他见证了民国的诞生。他之所以终生信仰民国，是因为他看到了民国的诞生，这是很要紧的。第二，他有几次事业的高峰，第一座高峰就是北伐。1926年北伐的时候，他就跟蒋介石两个人开始合作了，蒋介石三顾茅庐把我父亲请出来，当国民革命军的参谋长，主军北上，父亲那时候33岁。一开始蒋介石非常信任他，很倚重他，当时因为我父亲统一广西，已经有小诸葛的外号，他很有军事谋略，他是个战略家。并且他在北伐中扮演了很重要的角色，参加了龙潭战役、南昌战役，收复浙江，把五省联帅孙传芳打垮。最后是他领军第一个进入北平的，从广州打到山海关，统一中国是我父亲完成的。他35岁完成北伐的时候，少年得意，意气风发，锋芒毕露，不知收敛。我们中国人要讲收敛，不能风头太盛，因为很复杂的原因，他跟蒋介石开始产生了矛盾。后来我父亲还曾经流亡海外。当时蒋介石跟共产党一直有矛盾，他们是既合作又斗争的关系。后来到了抗战的时候，因为需要双方合作，又把我父亲请出来，当副总参谋长。

蒋介石知道我父亲是有才的，他欣赏我父亲的才，但是又防着他，伴君如伴虎，太靠近君王是不行的。抗战的时候，我父亲也扮演了很重要的角色，他是个战略家，在武汉最高军事会议上，他提出来的抗战方针大家至今都很熟悉，"积小胜为大胜，以空间换时间，以游击队辅助正规部队，打持久战，焦土抗战"。首先要定住大原则，因为那个时候中国的军备上、训练上，都是完全不能和日本人相比的，怎么对付一个强大的军事侵略者，必须有一套战略，就是把日本人从沿海拖到内地去，拖垮他们，以空间换时间。日本人要打闪电战，要在三个月内占领中国，我父亲就解他们的套，你的目标是三个月，我却拖你八年，两败俱伤。

凌峰：您父亲的故事实在精彩。

白先勇：抗战结束后，我父亲成为第一届的国防部长，他担任国防部长期间，1947年时，台湾发生了很重要的一件事，就是二二八事变。同年3月17号蒋介石派我父亲到台湾来，那时候事变已经发生快两个礼拜，台湾全岛沸腾，人心惶惶，军队已经镇压了。有不少本省的精英分子受到残害，有人失去生命，有人被抓捕。我父亲是国防部长，而且是钦差大员，他一到任就发了几道命令。第一道命令，就是广播"禁止滥杀，公开审判"。这一道命令，还有后来的几道命令，都救了很多台湾人的性命。我写了一本书，叫作《止痛疗伤：白崇禧将军与二二八》，是我跟一个青年历史学家廖彦博合作完成的。还有一个纪录片，叫作《关键十六天：白崇禧将军与二二八》，父亲抵达台湾的关键的 16 天，救了很多台湾人的性命，很多人已经判死刑了，他的命令下去，也成功挽救了他们的生命，我访问了很多当时的幸存者，我父亲的确在台湾民间很受爱戴，台湾本省人很感激他的，他去世时还有挽联专门歌颂他这 16 天内的功绩。

凌峰：好像在你 64 岁的时候，遇到了一个很大的坎，这个坎最后也很神奇的就过了。仿佛上天给了你一个任务，就是为了兴盛昆曲，你可以简短地谈一下这一段故事？

白先勇：是啊，我在 2000 年的时候，突然间心脏病发。

凌峰：是不是从前还有一个算命的小故事，和你 2000 年遭遇的那个坎有关系？

白先勇：那是我二十几岁，很年轻的时候，当时有一个很有名的摸骨大师仇庆云，好玩的。我跟姐姐他们一起去摸骨，仇庆云给我讲了我的一生，讲到 64 岁，他不讲了，我猜想，大概意思是我寿延到 64 岁吧。后来 2000 年，我正好那一年心脏病发，情况很危急，当时有两条血管堵塞 99%。医生发现后马上紧急开刀，做了手术后就好了。我想上天好像要让我留下来，我还有一些未竟之业。第一是复兴昆曲的大业还没有完成，第二是我父亲的历史还没写完，我这几年就是在做这些事情。

凌峰：但是当时肯定没想到，复兴昆曲这件事能带来如此之大的影响力。

白先勇：当初的确没想到影响会这么大。那时候是希望能够产生大的影响力，可是没想到会有这么惊人的影响力。这十年是很不容易的，所以我有一篇文章叫作《十年辛苦不寻常》。山重水尽疑无路，柳暗花明又一村，当时就好像有人是上天派下来辅助我一把的，所以这绝对不是我一个人的功劳，是一大堆人的功劳。我称我自己是昆曲义工，我现在是昆曲义工的大队长。

凌峰：排头兵。

白先勇：后面一大群义工，为了艺术，出钱的出钱，出力的出力。我们大家心里边都有一种对于文化衰落的隐痛。恢复我们的传统文化是大家共同的愿望，我一下子触动了这些人的文化 DNA，所以大家不记酬劳地参与了进来。那些书画家的精品我们拿来做布景，他们的作品要是算起钱来还得了，一个字就得多少万。

凌峰：大陆还有一位作家叫沈从文，我们很想知道您眼中的沈从文是什么样的。

白先勇：我见过他，算算年份好像是 1980 年，沈从文到美国来做访问，我领着我的学生到旧金山去见他和他的夫人张兆和，因为我的学生的硕士论文主题是沈从文，一个美国学生用英文写的沈从文。

我一向非常欣赏沈从文的小说，譬如他的长篇小说《边城》《长河》，还有一些短篇小说，同时很欣赏他的为人。我们一见面就非常谈得来，我听他在伯克利的演讲很感动。有人问他："你为什么后来不写了？"他讲得很好，他说："新政府来了以后，有了新的要求，我达不到这些新的要求，所以我就不写了。"他讲得很含蓄。

记得那天在旧金山的东风书店，有一个作家欢迎会，主角就是沈从文跟我。领事馆也有人去了，大家要发言，沈从文坐到我旁边，主持人请他先发言，沈从文就悄悄推我一把说，他不要讲，让我讲，我就起来讲。我说，"西方人有一句话，生命短暂，艺术长存。这句话，用来评价沈先生的作品最合适了，我想沈先生作品的艺术性，不是任何政治的或社会的外来力量可以淹没的。"沈从文听我讲完非常高兴，后来送了我一幅他亲笔写的书法，是一首诗歌，我至今还保留在美国家中。我跟沈从文有过这么一段交往，后来他跟我讲了不少他在文革受到的打击。

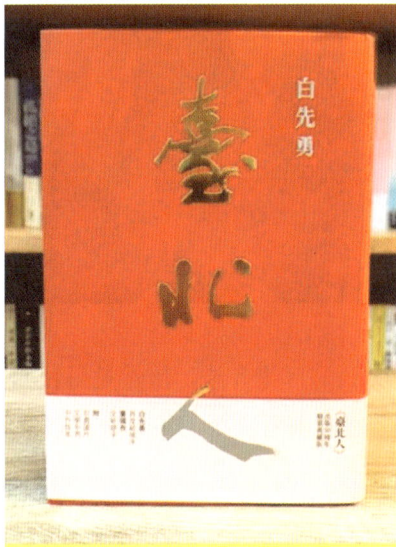

凌峰：因为您本身是文学教授，您能从文学上来给我们解读一下沈从文的作品吗？

白先勇：我觉得他的作品非常诚实，这个很要紧，他不是为了一些什么理论，为了一些当时流行的思想写的，他就是写的湘西的人与事，那片土地。

凌峰：像您的作品一样诚实。

白先勇：一个作家必须百分之两百诚实，对自己诚实。所以沈从文后来就不写了，如果要讲不诚实的话，他宁愿不写，去研究故宫的历代服饰去了。后来我看他做了个有关历代服饰演讲，头头是道，起劲得很，这么一个大作家讲得满头的汗。不过回头想，他很聪明，他在那一段躲到博物院里做研究，可能躲掉了一场灾难，但没有完全躲掉那个时代的苦难。

凌峰：您说在美国看过我的《八千里路云和月》，是什么样的机缘让您看到了《八千里路云和月》？

白先勇：是我的弟弟白先敬推荐的，那时候有关大陆的纪录片很少，其中的主题曲让我印象深刻。我懂得你拍的作品，我晓得你要讲什么话，也只有那个时代才拍得出来这样的作品。

凌峰：我们是沾了时代的光。

白先勇：现在跑去拍的话，看不见这些景象了，很奇怪，我们这个民族蛮健忘的，那么重要的一场灾祸，说忘就忘掉了。

凌峰：您的美学成就很高，您的青春版《牡丹亭》为中国人开启了一个极大的美学世界，明年就是我八千里路变迁三十年。我想请教您，如何在美学的角度去拍好这个作品？

白先勇：我想讲一段小小的故事，2009 年，我第三次回北大去公演青春版《牡丹亭》，12 月底，北京零下 9 度，天寒地冻。三个钟头的戏演完了，冷得要命，我穿上衣服准备要走了，几百个学生围着不让我走。他们告诉我一句话，"白老师，谢谢你，把这么美的事物带给我们看。"

有了那句话，之前的好多辛苦就忘掉了。我说，"我就是要把美的事物带给你们看。"我们中国传统原本是有很美的元素的，怎么我们就忘掉了。所以我在国外剧院演出青春版《牡丹亭》时，看完前面的表演，回头看还是自己的《牡丹亭》最美。看到前面的百花齐放，依然觉得牡丹花开的那个地方最美。所以我希望大家回头看看，不要老往前看，要回头看看，看看我们老祖宗留下来的事物。

2015 年采访于台北

后　记

我觉得这些人物都极其珍贵，都是无价之宝

凌峰访谈

　　凌峰先生是光耀华人世界的演艺明星。他唱歌、做主持、拍纪录片、为大陆建第一所希望小学，一生际遇，满是传奇，万没料到我们竟会在异国他乡萍水相逢，且忘年之交，渐成莫逆。

　　尽管年过七旬，他依然风趣健朗，每次见面总是抢着说话，还声若洪钟，他自嘲五千年沧桑写在脸上。是超级话痨，是绝世顽童，是幽默大师。

　　这是我帮他整理《八千里路云和月》做的一个后记访谈，作为后记。

　　何三坡：凌峰大哥，1990 年您亮相央视春晚，毫不夸张地说，一夜之间就赢得了全中国人的热爱。是什么机缘让您登上央视春晚的？

　　凌峰：我是怎么到央视来参加春晚，别人还没问过。当时是我有一个好朋友，叫陈汉元，他是我到大陆来第一个认识的大哥，当年他女儿刚好在中国新闻社，参与了

我们拍摄《八千里路云和月》，有这个因缘就认识了。

有一天，好像是在太湖边，我忽然看到一个《话说长江》的纪录片，我觉得这个旁白特别棒。后来她跑过来说，那是我爸拍的。他是央视副台长。

我上春晚就是他的推荐，他特别欣赏我。

何三坡：《八千里路云和月》跟他有关系吗？得到过什么帮助？

凌峰：《八千里路云和月》艺术生命之所以这么长，和他也有关，但影响我做《八千里路云和月》最主要的是日本的喜多郎的一部纪录片，那个纪录片非常重视音乐，所以这个《八千里路云和月》也注重音乐。

对我们这部片子帮助最大的是侨办的中国新闻社，以及1989年以后的国台办。中新社的陈光中和朱友军他们，协助我们找资料，发通告，联系采访人，可以说无微不至，给我们拍摄工作提供了最好的协助，《八千里路云和月》能取得成功，他们功不可没，我一直心存感恩。

何三坡：那时候，您已红遍台湾，不仅唱歌获过金钟奖，还在华视主持《神仙·老虎·狗》，在台视黄金档长期主持《郁金香》《电视街》等等收视率很高的明星节目。为什么会突发奇想自掏腰包拍摄《八千里路云和月》这样的纪录片？

凌峰：在台湾的大陆人，都有一种共同的乡愁。我去台湾的时候才四岁，他们并没有经过我们同意就把我们带到台湾，外婆就用一只麻雀在船上，就把我忽悠上船。然后就开船了，我哭了一阵子睡着了，醒来到了上海，然后就到了台湾。

我是外祖母带大的。我母亲是长女，最孝顺，外婆最心疼她，所以，母亲生了我之后呢，就是外婆来养，我对外婆印象深刻。所以，后来我在香港唱歌的时候，经常会在那个港湾看深圳，去海边拿着望远镜，往北方望啊，去望乡，想着有一天，我能不能回大陆，再看到我的外婆，看看我的故乡，我经常唱的歌都是关于家乡，都是《异乡梦》《长城谣》，台湾有个电影叫《原乡人》，邓丽君唱的主题歌，我一听就会流泪。

是这个乡愁在推动我拍《八千里路云和月》，它是我最重要的能量。

何三坡：《八千里路云和月》第一个采访的是谁？细节您还记得吗？

凌峰：第一个是岭南派画家关山月，《八千里路云和月》第一版的片头就是他写的。对他印象很深，尽管他说的是广东话，但是也掩不住他的温文尔雅。因为我在香港唱歌，唱了大概八年，所以我的广东话讲得不错，我就用广东话和他对话交流，让他大吃一惊。他还送过我一幅画。

何三坡：我看您访谈的有艺术家、科学家、诗人、作家、作曲家、歌手、电影人，还有工艺品大师，还有政治家、经济学家，林林总总，大都是华人精英，印象最深的有哪几位？

凌峰：印象最深的有吴天明、顾景舟、王洛宾、张艺谋，还有关山月、吴祖光、张克辉、林毅夫、李可染，等等。他们身上都有着少为人知的动人故事。

何三坡：我比较关注赵无极、熊秉明、吴冠中，他们在您的记忆里有什么异同？

凌峰：赵无极非常温和，他太太是法国人，当过艺术馆馆长。一切听太太的，他讲："我在楼上的画室是我太太在管理，没有任何一个人可以上楼，你是我太太唯一的例外。"他太太还亲自领我上楼，打开他画室里的大画，给我讲解，他在旁边翻译。我享受到了别的人没有得到的优待。

熊秉明是谦谦君子，还带我去巴黎那个著名的画室看人家画人体模特儿，还帮我做翻译，就像个导览，还带着我去街头看伏尔泰的雕像，给我讲解。他学哲学的，在学术上很有份量，又是雕塑家、书法家，他对艺术的研究非常厉害，这跟他的家世有关，他们家是豪门望族，父亲是云南大学校长。他是个风评最好的人，后来有一次他到台湾去做一个书法、雕塑展，对他作品评论的人很多。现在想来，有些惭愧，他这么大一个大艺术家，哲学家，结果我一是提不出什么问题来，二是让他当个导览一样的，到处带着，帮我做讲解，觉得满心愧疚。但我想念他。我觉得很骄傲的是，我拍了他的片子，我每次在想念他的时候我都会去看，我拍他的影像很多，对他心存感念。

吴冠中是我最佩服的人，但是呢，吴冠中太高了，够不着。他的现代意识非常强，而且他的宜兴家乡话不太容易听懂，但他给足了我面子。印象深刻的是我去北京他的家中拜访，他拉着我读熊秉明给他写的信，一字一句地读，讲熊秉明的艺术造诣和人格魅力。他说熊秉明的书法应该得诺贝尔奖，我是从对这个访问中才知道吴冠中多么敬爱熊秉明，他们之间的情谊多么深厚。他没有熊秉明那样的家世背景，他靠的是苦读，拼搏能量特别大，所以你看他的那个考卷，你看过的，他是用多少功力才写出那个考卷，我可以专门给你讲讲他的这个状元卷，故事非常精彩。后来因为拜访顾景舟、徐秀堂、徐汉堂几位紫砂壶大师我经常去宜兴旅行，宜兴那个地方特别美，因为吴冠中，我觉得宜兴尤其美。太湖之滨，人杰地灵，历史上出过四个状元，十个宰相，三百八十五个进士、九百二十个举人，对不对？

何三坡：当初拍这个片子时，您备尝艰辛，有没想到后来在台视播出，会引起那么大的轰动？

凌峰：有一些想象。因为两岸隔绝太久，都渴望了解。但那个时候别的艺人不敢拍，拍的话你会被禁。所以通常有点知名度的，都不敢做这种尝试。我那个时候从海外唱歌挣了一些钱，也给家里买了房，我就有了自信，就敢于赌一下。总得有人去挑战禁忌，去破除陈规，这就是我的性格。

跟台视的关系，说来也有渊源，1981 年，我因为离开张帝的《神仙·老虎·

狗》，叫上高凌风另组节目，被几家电视台同时封杀。

最后是因为邓丽君做那个"君在前哨"的大型晚会，她为了帮我，找我做嘉宾主持，在台湾，邓丽君的影响力无人可比，电视台不敢不听，我一下子就冲破了这个被封杀的状态。然后呢，认识了台视的总经理石永贵，同年受到石永贵邀请，在台视做一档叫《电视街》的综艺节目，后来又做《郁金香》，上我节目的都是明星大咖，节目很受欢迎，非常成功，一直到 1986 年，又做《玫瑰的夜晚》，当时在岛内和新加坡同步播放，然后就有了跟台视合作这个《八千里路云和月》的想法。所以说，邓丽君是我的贵人，台视的总经理石永贵也是我的贵人。

何三坡：我们知道邓丽君和您亲如兄妹，在娱乐圈传为美谈。这个情谊是怎么建立起来的？

凌峰：这个缘分开始于我去夜巴黎歌厅唱歌，夜巴黎是比较高档的歌厅，邓丽君就在这里唱歌，才十四五岁，她在夜巴黎很受欢迎。我在那里认识了她和邓妈妈，邓妈妈是我们山东人。夜巴黎歌厅的规矩是一月一签，给我签了三个月，到了三个月，老板不签了，人家不用我了，对我是个很大的打击。离开的时候，邓妈妈和邓丽君送我出后台门口，邓丽君讲，王大哥，有空回来看看我们。他叫王大哥，整个歌坛叫王大哥的只有她一个。她这句话，含着一种浓浓的乡情和对我的尊重，我的眼泪就止不住了。我在萧条落魄的时候，这么好的一个歌手，跟着她妈妈送我出后台，我很感动。就这样，我们在夜巴黎结下了一个重要的缘。

后来，别人请我去香港唱歌，她说她也可能会去香港。然后呢，我到了香港，她真的也来了，就在我唱歌的那个香港歌剧院对面的一家国际酒店。然后，周末有空，我陪她到沙田马场骑马，吃沙田乳鸽和沙田海鲜。我们的友情在香港扎根，香港是个大转折。后来我离开香港，到新加坡去演唱的时候，我们又碰面了，她新加坡的经理人叫小管，后来也变成我的经理人。我们又一起到越南去演出，那时候越南还没有沦陷，到了越南以后啊，我是识途老马，给她当导游，也经常和邓妈妈和丽君一起去吃越南菜，就走得就更近了。

何三坡：你们相处这么久，没想过追求她，谈一场恋爱？

凌峰：没有，我们更像亲情，邓妈妈对我特别信任，特别放心。那时候我自己也特别单纯，还有，一心想的是家里的困境要解决，要还债，爸爸妈妈的身体也不好，另一方面是想闯出一点名望，想的是事业。认识邓丽君的时候，她才十四五岁，是个小妹妹，我觉得这种情谊很好，很珍贵，我只想照顾她，保护好她。

何三坡：最后一个问题，《八千里路云和月》在台视播出了几百集，持续热播了好多年，它是一代华人精英人物的影像纪录，也是一部漫长的生命画卷和史诗，以历史的眼光看，它还具有非凡宝贵的史料价值。我想问的是，您拍摄之初，有意识到这件事的意义吗？

　　凌峰：我采访他们的时候，跑了这么多遥远的地方，而且是一个个完全陌生的地方。台湾、大陆官方都没有花那么大的本钱去拍，只有我把他们拍了下来，这是我喜欢做的事，有巨大的热情，来不及思考它的意义。几十年过去了，我采访的人都在陆续离世，我觉得每一帧、每一幅都极其珍贵，都是无价之宝。

　　当时，片子拍回来，还有可能被海关扣留没收，因为去大陆拍片，你必须要经过公家机关的批准。它没有批准，你就冒着巨大的风险。怎么办？我把胶带偷偷取下来夹在身上过了海关，可以说是千难万险。

　　我觉得总得有人去做这样的事，去为大家甘冒风险，去为生命争取自由。